Vorwort

Das Einwerfen der Torhüter ist in nahezu jedem Training notwendiger Bestandteil. Die vorliegenden 60 Übungen zum Einwerfen bieten hier verschiedene Ideen, um das Einwerfen sowohl für Torhüter als auch für die Feldspieler anspruchsvoll und abwechslungsreich zu gestalten. Ein besonderer Fokus liegt dabei darauf, schon beim Einwerfen die Dynamik der Spieler zu verbessern.

Die Übungen sind leicht verständlich durch Text und Übungsbild erklärt und können in jedes Training direkt integriert werden. Ob gekoppelt mit koordinativen Zusatzübungen oder vorbereitend für Inhalte des Hauptteils, kann für jedes Training und durch verschiedene Schwierigkeitsstufen für jede Altersstufe das Einwerfen passend gestaltet werden.

I0220749

Beispielgrafik:

Laufen, Passen, Fangen und Werfen

1. Auflage (07.07.2015)
Verlag: DV Concept
Autoren: Jörg Madinger, Elke Lackner
ISBN: 978-3-95641-161-8

Inhalt:

Nr.	Name	Anz.	2. TW?	Schwierigkeit	Seite
36	Schnelles Vor und Zurück, Wurf über RL/RR 2	7		⭐⭐	39
37	Einwerfen mit Kreuzbewegungen	9		⭐⭐	40
38	Wurfserie mit Abwehraktion	8		⭐⭐	41
39	Wurfserie mit Parallelstoß und Abwehr	9		⭐⭐	42
40	Wurfserie mit Stoßen/Gegenstoßen 1	9		⭐⭐	43
41	Wurfserie mit Stoßen/Gegenstoßen 2	7		⭐⭐	44
42	Wurfserie mit Stoßen/Gegenstoßen 3	7		⭐⭐	45
43	Wurfserie mit Zusatzaufgabe für den Torhüter 1	7		⭐⭐	46
44	Wurfserie mit Zusatzaufgabe für den Torhüter 2	7		⭐⭐	47
45	Wurfserie mit Zusatzaufgabe für den Torhüter 3	8	X	⭐⭐	48
46	Wurfserie mit Zusatzaufgabe für den Torhüter 4	8	X	⭐⭐	49
47	Wurfserie mit Zusatzaufgabe für den Torhüter 5	8		⭐⭐	50
48	Wurfserie mit Zusatzaufgabe für den Torhüter und die Feldspieler	7		⭐⭐	51
49	Wurfserie aus der Kreuzbewegung mit Zusatzaufgabe für den Torhüter	8		⭐⭐	52
50	Wurfserie aus der dynamischen Laufbewegung	7		⭐⭐	53
51	Zwei Torhüter gleichzeitig auf ein Tor einwerfen	8	X	⭐⭐	54
52	Heber abwehren und Konter einleiten	10	X	⭐⭐	55
53	Wurfserie und Kontereinleitung mit Koordination	8	X	⭐⭐	56
54	Konter einleiten plus Wurfserie	10	X	⭐⭐	57
55	4er-Wurfserie mit anschließendem Konter 1	8	X	⭐⭐	58
56	4er-Wurfserie mit anschließendem Konter 2	8	X	⭐⭐	60
57	Einwerfen aus dem vollen Lauf	8		⭐⭐⭐	63
58	Wurfserie mit Stoßen/Gegenstoßen 4	7	X	⭐⭐⭐	64
59	Wurfserie mit Koordination für Torhüter und Feldspieler	8	X	⭐⭐⭐	65
60	Wurfserie mit anschließender Gegenstoßeinleitung	8	X	⭐⭐⭐	66

Anmerkung des Autors

Weitere Fachbücher des Verlags DV Concept

Legende:

Übungsnummer   Übungsname   Min. Spieleranzahl

Nr. 1	Einwerfen mit Stoßbewegungen	10	⭐
Benötigt:	2 Bälle, 5 Hütchen für die Spielfeldmarkierung		

Schwierigkeitsgrad
Einfach: ⭐
Mittel: ⭐⭐
Schwer: ⭐⭐⭐

✖ Hütchen

dünne Turnmatte

Ballkiste

kleine Turnkiste

Turnbank

○ Turnreifen

Pommes (Schaumstoffbalken)

● Luftballon

Nr. 1	Einwerfen mit zwei koordinativen Vorübungen	7	☆
Benötigt:	6–8 Reifen, 5–8 Pommes, 2 Hütchen, ausreichend Bälle		

Ablauf:

- ▲1 startet mit schneller Schrittfolge mit je einem Kontakt je Reifen (A).

- Danach sprintet ▲1 um die Hütchen herum (B) zu den Pommes, durchläuft die Pommes mit einem Doppelkontakt (li. Fuß/re. Fuß) in jedem Zwischenraum.

- Anschließend wirft ▲1 nach Vorgabe (hoch, halb, tief) auf das Tor.

- Etwas zeitversetzt startet ▲2 mit dem gleichen Ablauf.

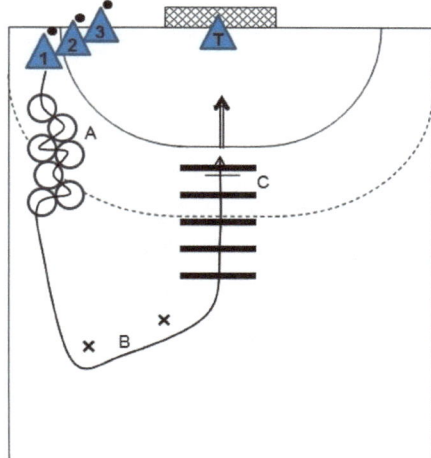

Variation

- Die Reifen immer wieder unterschiedlich legen.
- Die Anzahl der Kontakte zwischen den Pommes verändern, den Lauffluss aber beibehalten.

⚠ Die Spieler sollen den Ablauf so timen, dass die Torhüter eine zügige Wurfserie erhalten.

handball-uebungen.de
Trainingseinheiten und Übungen für Ihr Training!

Nr. 2	Einfache Wurfserie mit Pass	7	⭐
Benötigt:	ausreichend Bälle		

Ablauf:

- **1** startet ohne Ball Richtung Tor (A) und bekommt von **2** den Ball gespielt (B).

- **1** wirft nach Vorgabe (Hände, hoch, tief) im Korridor nach rechts auf das Tor (C).

- **2** startet Richtung Tor (D) und bekommt von **3** den Ball in den Lauf gespielt (E).

- **2** wirft nach Vorgabe im Korridor nach links auf das Tor (F).

- Usw.

- Nach dem Wurf holen die Spieler schnell einen Ball und stellen sich auf der anderen Seite wieder an (G).

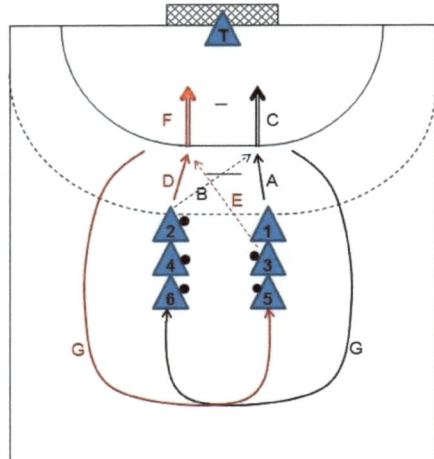

⚠️ Den Abstand der beiden Reihen entsprechend der Leistungsstärke der Spieler festlegen.

⚠️ Den Ablauf so timen, dass für den Torhüter eine kontinuierliche Serie entsteht.

Nr. 3	Schnelles Vor und Zurück	7	⭐
Benötigt:	Ausreichend Bälle		

Ablauf:

- Der Trainer steht auf Höhe der 7-Meter-Linie und hält seine Hände leicht nach vorne gestreckt.

- ▲1 läuft mit 2–3 schnellen Schritten nach vorne, und schlägt in die Hand des Trainers.

  Danach lässt ▲1 sich sofort wieder 2–3 Schritte zurückfallen (A), um dann dynamisch nach vorne zu stoßen und ab ca. 7 Metern nach Vorgabe nach links (hoch, halb, tief) auf das Tor zu werfen.

- ▲2 startet etwas zeitversetzt den gleichen Ablauf, stößt auf der rechten Seite nach vorne und wirft nach rechts.

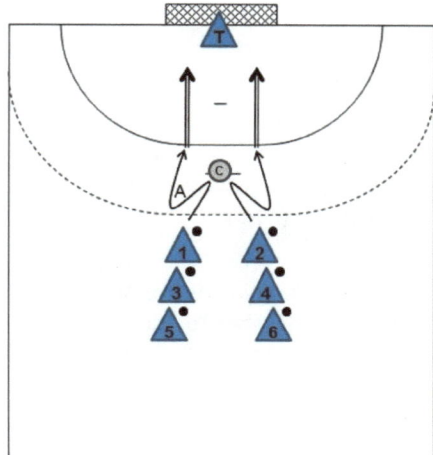

Variationen:

- Sprungwurf.
- Wurf über das falsche Bein.

Nr. 4	Einwerfen von der Halb- und Außenposition	7	★
Benötigt:	Ausreichend Bälle (Ballkiste mit Reservebällen)		

Ablauf:

- Alle Spieler stehen mit einem Ball an der Mittellinie.
- 🔺1 startet um das linke Hütchen und läuft (A) dynamisch bis zum 9-Meter-Kreis und wirft nach Vorgabe (hoch, halb, tief) auf das Tor.
- 🔺2 startet etwas zeitversetzt und läuft (B) um das rechte Hütchen bis zum 9-Meter-Kreis und wirft.
- Usw.
- Alle Spieler, die geworfen haben, stellen sich schnell wieder an der Mittellinie an und nehmen sich einen Ball aus der Ballkiste.
- Den Ablauf so lange fortführen, bis alle Bälle aufgebraucht sind.

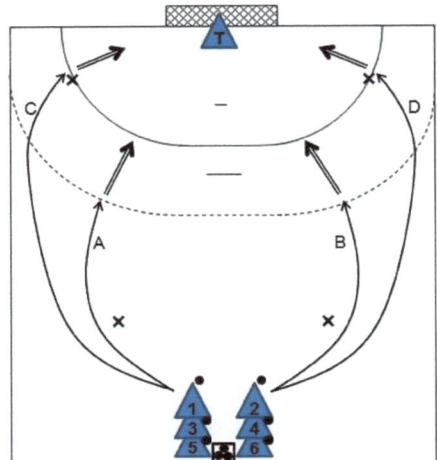

Variation:

- 🔺1 startet um das linke Hütchen und läuft (C) auf der Außenbahn bis LA und wirft von dort. 🔺2 startet zeitversetzt nach rechts (D).

Wurfvariationen:

- Sprungwurf.
- Wurf über das falsche Bein.

Nr. 5	Intensives Einwerfen für den Torhüter	9	⭐
Benötigt:	Ausreichend Bälle		

Ablauf:

- Die Spieler bilden eine Gasse (zwischen **1** und **2** ca. 2 Meter und zwischen **1** und **3** ca. 1/2 Meter Abstand lassen).
- Die Spieler halten den Ball für den Torhüter erreichbar mit beiden Händen fest.
- Der Torhüter **T** durchläuft (A) mit schnellen Seitwärtsbewegungen die Gasse und berührt mit einer Hand jeweils den Ball.
- Zwischen den einzelnen Spielern nimmt **T** mit den Armen immer wieder die Grundhaltung ein.
- Wenn **T** durch die Gasse gelaufen ist, läuft **T** ins Tor (B) und die Spieler laufen (C) dynamisch an und werfen die Serie nach Vorgabe (hoch, halb, tief) auf das Tor.

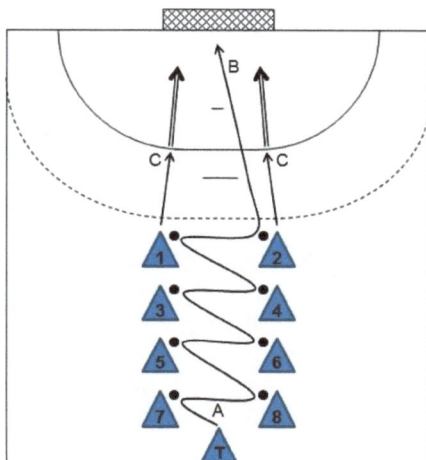

Variationen:

- Wurf über das falsche Bein.
- Sprungwurf.
- Unterarmwurf.

Nr. 6	Anstoßen mit Rückzugsbewegung und anschließendem Wurf	7	★
Benötigt:	4 Hütchen, ausreichend Bälle		

Ablauf:

- ▲1 stößt und bekommt vom ebenfalls anstoßenden ▲2 den Ball in den Lauf gespielt (A).

- ▲1 biegt sofort nach innen ab und prellt um das hintere Hütchen (B), um danach in Richtung Tor zu prellen und nach Vorgabe nach links (hoch, halb, tief) zu werfen (C).

- ▲2 zieht sich nach dem Pass sofort rückwärts in die Ausgangs-position zurück (D), stößt wieder nach vorne, bekommt von ▲3 den Ball in den Lauf gespielt und umläuft ebenfalls seine Gruppe und wirft nach Vorgabe nach rechts.

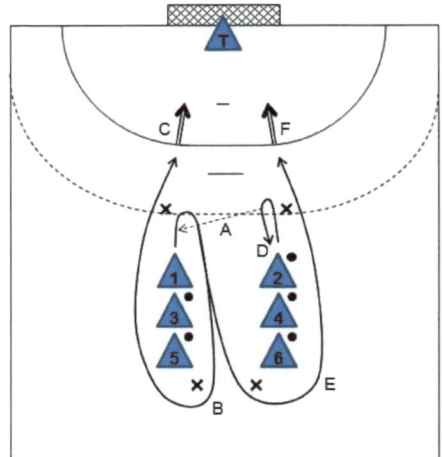

- Usw.

Variation:

- ▲1 umläuft diagonal das hintere Hütchen der anderen Gruppe (E) und wirft auf das Tor (F).

⚠ Die Geschwindigkeit und das Loslaufen so timen, dass für den Torhüter ein Rhythmus entsteht.

Nr. 7	Wurf mit anschließender Teamarbeit für die Werfer	9	★
Benötigt:	1 Turnbank, ausreichend Bälle		

Aufbau:
- Eine Bank umgedreht herum aufstellen (Sitzfläche auf dem Boden).

Ablauf:
- Vor jedem Wurfdurchgang gibt der Trainer die Aufgabe vor, die auf der Bank erfüllt werden muss.
- ▲1 startet mit Ball (A) und wirft nach Vorgabe (Hände, hoch, tief) nach links (B).
- Etwas zeitversetzt startet ▲2 mit Ball (C) und wirft nach Vorgabe nach rechts (D).
- Nach dem Wurf sprinten ▲1 (E) und ▲2 (F) zur Bank.
- Alle Werfer müssen am Ende des Wurfdurchgangs entsprechend der gestellten Aufgabe auf der Bank stehen. Dafür sollen die Spieler, die bereits geworfen haben, dies optimal so organisieren, dass die Spieler die Position möglichst nicht mehr ändern müssen, sobald sie auf der Bank stehen.
- Nach dem letzten Wurf sprintet auch der Torhüter zur Bank und stellt sich als letztes auf die passende Position.
- Sollte ein Positionswechsel notwendig sein, muss dieser erfolgen, ohne dass ein Spieler die Bank noch einmal verlässt.
- Dann startet der nächste Wurfdurchgang mit der nächsten Vorgabe.

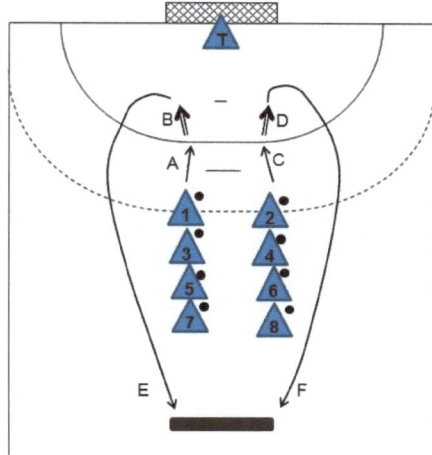

Aufgaben auf der Bank:
- Der Größe nach aufstellen.
- Aufstellen nach der alphabetischen Reihenfolge der Vornamen.
- Aufstellen nach dem Alter.
- Aufstellen nach der Reihenfolge der Geburtstage im Jahr beginnend mit Januar.

Nr. 8	Einwerfen nach Umlaufen eines Spielers	9	☆
Benötigt:	1 Hütchen, ausreichend Bälle		

Ablauf:

- 1 umläuft 2 (A), prellt Richtung Tor und wirft nach Vorgabe.

- Etwas zeitversetzt startet 8, umläuft 7 (B), prellt Richtung Tor und wirft nach Vorgabe (hoch, halb, tief) auf das Tor.

- 2 startet, sofort nachdem 1 geworfen hat, um 3 (C).

- 7 startet, sofort nachdem 8 geworfen hat, um 6 (D).

- 4 und 5 laufen zum Abschluss jeweils um das Hütchen und werfen.

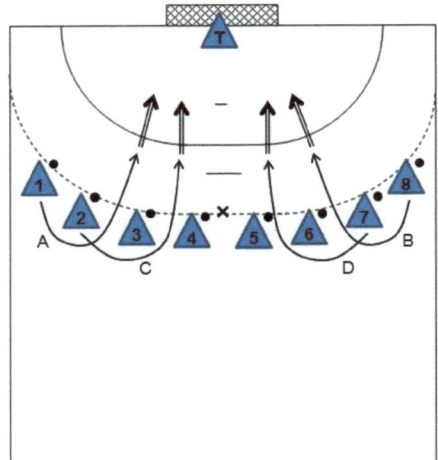

Variationen:
- Sprungwurf.
- Wurf über das falsche Bein.

⚠ Die Geschwindigkeit und das Loslaufen so timen, dass für den Torhüter ein Rhythmus entsteht.

Nr. 9	Einwerfen mit Stoßbewegungen	7	★
Benötigt:	7 Hütchen, Ballkiste mit ausreichend Bällen		

Ablauf:

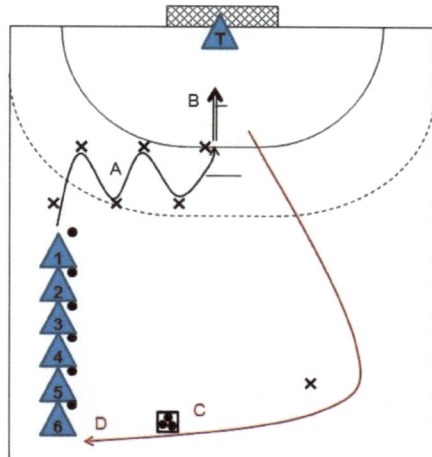

- 1 startet mit Ball und läuft dynamisch in der schnellen Vorwärts- und Rückwärtsbewegung (Blickrichtung immer Richtung Tor) von Hütchen zu Hütchen (A) und wirft am Ende nach Vorgabe (hoch, halb, tief) auf das Tor (B).

- Nach dem Wurf umläuft 1 sofort das hintere Hütchen, holt sich einen neuen Ball (C) und stellt sich wieder an (D).

- 2 startet unmittelbar nach 1, damit für T ein Rhythmus entsteht.

- Usw., bis die Ballkiste leer ist.

Variationen:

- In der Seitwärtsbewegung durch die Hütchen laufen.
- Über das falsche Bein werfen.

⚠ Die Geschwindigkeit und das Loslaufen so timen, dass für den Torhüter ein Rhythmus entsteht.

Nr. 10	Wurfserie mit vorheriger Laufübung	7	⭐
Benötigt:	6 Hütchen, ausreichend Bälle		

Ablauf:

- 1 startet mit schnellen Seitwärtsbewegungen nach links, umläuft das Hütchen (A), zieht schnell nach rechts, umläuft das rechte Hütchen (B) und wirft im Korridor (nach rechts) auf das Tor.

- 2 startet etwas zeitversetzt (sodass für den Torhüter eine Wurfserie entsteht), umläuft in schnellen Seitwärtsbewegungen das rechte Hütchen (C), zieht schnell nach links, umläuft das linke Hütchen (D) und wirft im Korridor (nach links) auf das Tor.

- Usw.

- Nach dem Wurf sprinten die Spieler jeweils um das hintere Hütchen (E) und holen danach im Laufschritt wieder den Ball.

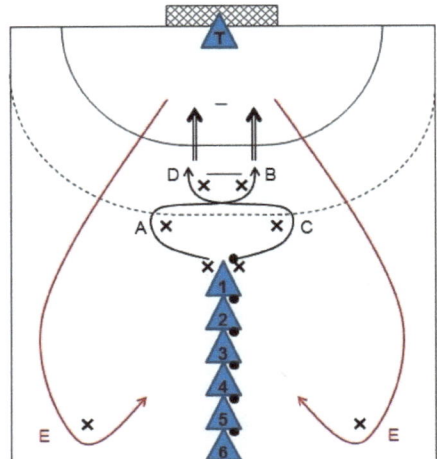

Variation:

- Wurf aus dem Sprungwurf (auf Höhe der Hütchen).

handball-uebungen.de
Trainingseinheiten und Übungen für Ihr Training!

Nr. 11	Einwerfen mit Laufen und Weglaufen	7	☆
Benötigt:	6 Hütchen, Ballkiste mit ausreichend Bällen		

Ablauf:

- 2 startet, umläuft das Hütchen (A) und läuft diagonal nach links.

- 1 passt 2 den Ball in den Lauf (B).

- 2 umläuft das linke Hütchen (C) und wirft nach Vorgabe nach links auf das Tor (D).

- 1 startet sofort nach seinem Pass zu 2 (B) ebenfalls, umläuft das Hütchen (E) und läuft diagonal nach rechts.

- 4 spielt 1 den Ball in den Lauf (F) und 1 wirft nach Vorgabe nach rechts auf das Tor.

- Nach dem Wurf sprinten die Spieler sofort außen um das hintere Hütchen herum zur Ballkiste, holen sich einen neuen Ball und stellen sich wieder an (G).

- Usw., bis die Ballkiste leer ist.

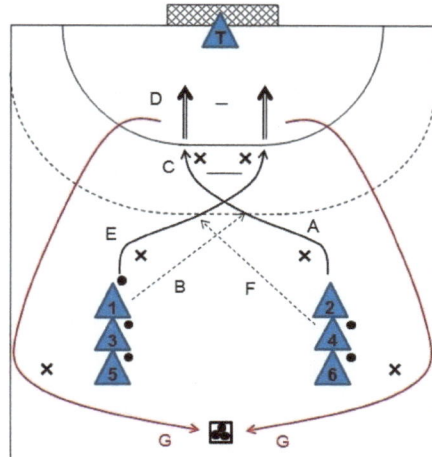

⚠ Die Geschwindigkeit und das Loslaufen so timen, dass für den Torhüter ein Rhythmus entsteht.

Nr. 12	**Wurfserie mit Zusatzaufgabe**	7	☆
Benötigt:	2 Hütchen, 2 dünne Turnmatten, Ballkiste mit ausreichend Bällen		

Ablauf:

- ① läuft mit Ball diagonal nach rechts (A) und wirft aus dem Lauf heraus nach Vorgabe (Hände, hoch, tief, halbhoch) im Korridor nach rechts auf das Tor (B).

- ② startet etwas zeitversetzt, läuft diagonal nach links und wirft nach Vorgabe im Korridor nach links (C).

- Nach dem Wurf laufen die Werfer sofort dynamisch zur dünnen Turnmatte und machen dort einen Purzelbaum (D).

- Danach holen sie einen Ball und stellen sich wieder an (E).

- Jeder Spieler soll min. zweimal werfen, damit für den Torhüter eine lange Serie entsteht.

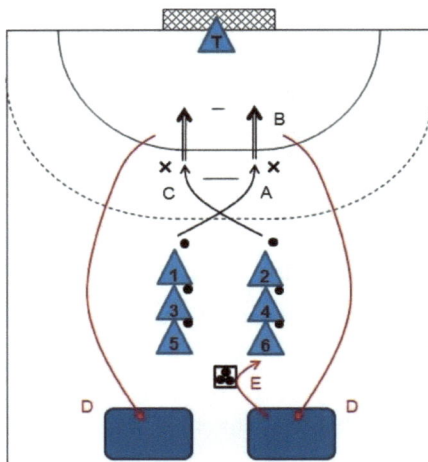

Variationen:

- Die Spieler machen auf der Matte einen Handstand.
- Die Spieler machen auf der Matte eine Rolle rückwärts.

Nr. 13	Wurfserie mit Schnellkraftübung für den Torhüter	7	⭐
Benötigt:	1 Deuserband, Ballkiste mit ausreichend Bällen		

Ausgangsstellung:

- Der Torhüter steht in der Mitte des Tores, ca. einen halben Meter vor der Torlinie und hat das Deuser-band um die Hüften liegen.
- Der Trainer steht seitlich neben ihm und hält ihn mit dem Deuser-band fest.

Ablauf:

- ▲1 läuft mit Ball an und wirft nach links hoch (A).

- ▲T reagiert dynamisch zum hoch geworfenen Ball (B). Der Trainer hinter ihm zieht am Deuserband und gibt ihm in der Bewegung Gegendruck.

- Nach dem Wurf sprintet ▲1 zur Ballkiste und stellt sich mit Ball wieder an (C).

- Sobald ▲T wieder in der Ausgangsstellung in der Mitte steht, wirft ▲2.

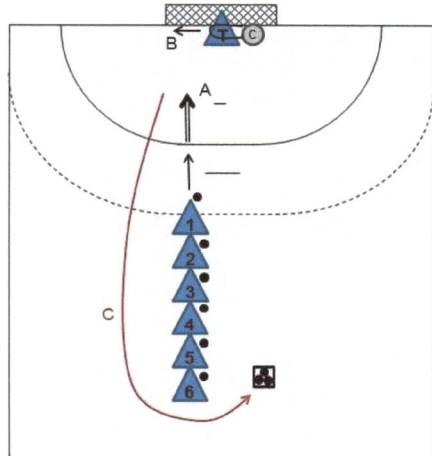

- Usw.

Variationen:

- Tiefe Bälle.
- Hoch und tief im Wechsel.
- Der Trainer stellt sich mit dem Deuserband hinter den Torhüter, jetzt sind Wechselserien links und rechts (hoch, halbhoch) möglich.

⚠ Den Zug auf das Deuserband so dosieren, dass ▲T die Abwehraktion sauber, aber unter Widerstand ausführen kann.

⚠ Die Spieler müssen die Wurfserie dem Tempo von ▲T anpassen.

Nr. 14	Wurfserie mit schnellen Richtungsänderungen	7	⭐
Benötigt:	1 Hütchen, ausreichend Bälle		

Ablauf:

- ▲1 läuft dynamisch nach vorne und tritt mit einem Fuß auf die 9-Meter-Linie (A).

- ▲1 läuft danach sofort wieder dynamisch zurück und klatscht ▲2 ab, der seine Hand nach vorne hält (B).

- Danach läuft ▲1 am Hütchen vorbei und wirft nach Vorgabe auf das Tor (C).

- Nach dem Abklatschen läuft ▲2 sofort nach vorne, tritt ebenfalls auf die 9-Meter-Linie (A) usw.

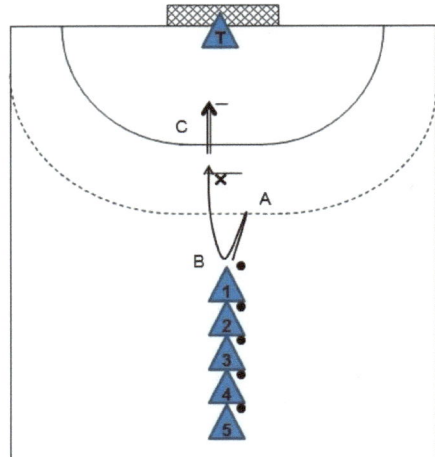

Variation:

- Den Ablauf mit Wurf rechts vom Hütchen ausführen.
- Wurf über das falsche Bein, Sprungwurf.

⚠ Darauf achten, dass das Vorwärts-/Rückwärtslaufen mit hohem Tempo erfolgt.

Nr. 15	Wurfserie mit Einläufer von außen	7	★
Benötigt:	4 Hütchen, ausreichend Bälle		

Ablauf:

- Zwei Spieler besetzen den linken bzw. rechten Rückraum. Sie legen jeweils einen Ball neben sich ab.

- 3 passt zu 2 (A), 2 zu 1 (B).

- Beim Pass von 2 zu 1 (B) startet 3 in schnellem Tempo und läuft im Bogen (C) ein. Pass von 1 zu 3 (D).

- 3 durchläuft die Hütchen und wirft nach Vorgabe (Hände, hoch, tief) (E).

- Sobald 2 den Pass zu 1 (B) gespielt hat, bekommt er den Pass von 4 und der Ablauf wiederholt sich.

- Wenn alle Spieler auf der Außenposition an 2 vorbeigelaufen sind, nimmt 2 seinen Ball auf, passt zu 1, bekommt den Rückpass, läuft durch die Hütchen und wirft nach Vorgabe.

- 1 nimmt anschließend seinen Ball auf, läuft durch die Hütchen und wirft nach Vorgabe.

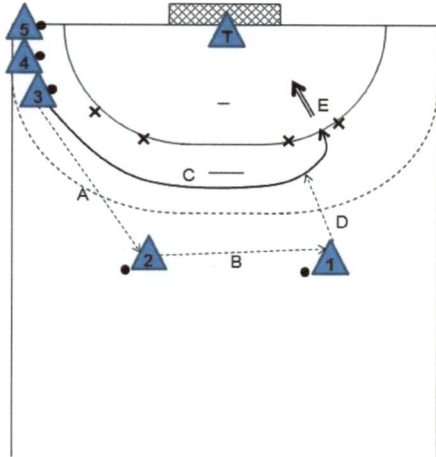

⚠ Die Rückraumpositionen im Wechsel besetzen.

⚠ Abwechselnd die Serie von links und rechts starten.

⚠ Die Pässe der Außenspieler sollen so flüssig erfolgen, dass für den Torhüter eine Serie entsteht.

Nr. 16	Einfaches Einwerfen mit Prellübung	7	⭐
Benötigt:	12 Hütchen, ausreichend Bälle		

Ablauf:

- 1 startet mit Ball, umprellt die Hütchen (A) und wirft nach Vorgabe (Hände, hoch, tief) im Korridor (nach links) auf das Tor (B).

- Wenn 1 ungefähr am dritten Hütchen ist, startet 4 auf der anderen Seite, umprellt die Hütchen (C) und wirft nach Vorgabe im Korridor (nach rechts) auf das Tor (D).

- Wenn 4 am dritten Hütchen ist, startet 2 usw.

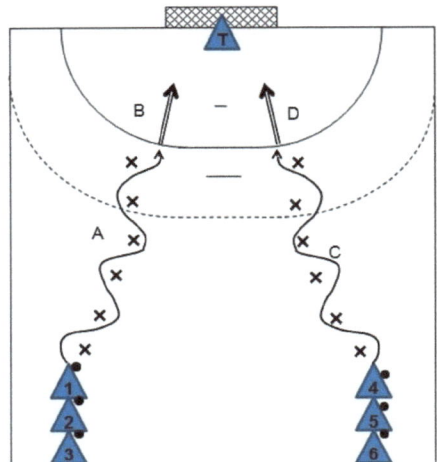

⚠️ Genügend Abstand zwischen den einzelnen Spielern lassen, damit jeder Spieler zügig die Hütchen umprellen kann, ohne auf einen anderen aufzulaufen.

⚠️ Für den Torwart soll eine Serie entstehen.

⚠️ Handwechsel beim Prellen (Abschirmen des Balles mit dem Körper).

Nr. 17	Einfaches Einwerfen aus der Laufbewegung	7	★
Benötigt:	12 Hütchen, ausreichend Bälle		

Ablauf:

- ▲2 startet ohne Ball, umläuft beide Hütchen (A) und bekommt von ▲1 den Ball gespielt (B).

- ▲2 zieht jetzt mit Ball Richtung Tor und schließt mit Wurf nach Vorgabe ab (hoch, halb, tief) (C).

- Nach dem Pass zu ▲2 (B) startet ▲1 sofort und umläuft die beiden Hütchen nach rechts (D) und bekommt von ▲4 den Ball gespielt usw.

- Zwischen den Würfen macht ▲T 2–3 schnelle Hampelmannbewegungen auf der Stelle.

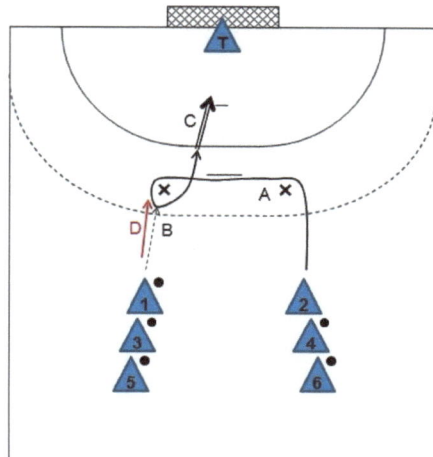

⚠ Mit höchstem Tempo um die Hütchen laufen, die Laufrichtung ist dabei egal.

Nr. 18	Einwerfen in der kleinen Trainingsgruppe	5	★
Benötigt:	Ausreichend Bälle		

Aufbau:

- Eine Ballkiste mit neun Bällen (drei Bälle je Werfer) in die Mitte stellen.

Ablauf:

- ▲1 startet mit Ball, läuft nach vorne (A) und wirft nach Vorgabe (hoch, halb, tief) nach rechts auf das Tor (B).

- ▲T startet aus der Mitte des Tors, läuft dynamisch in der Seitwärtsbewegung nach links, berührt den Pfosten (C), läuft in der dynamischen Seitwärtsbe-

wegung wieder zurück und hält (D) den von ▲1 nach rechts geworfenen Ball (B). Danach geht ▲T sofort wieder zurück in die Ausgangsstellung, in der Mitte des Tors.

- ▲2 startet etwas zeitversetzt, sodass für ▲T eine Serie entsteht und er dabei den Bewegungsablauf (Seitwärtsbewegung) korrekt ausführen kann.

- Nach dem Wurf läuft ▲1 sofort seitlich zurück, bekommt von ▲4 einen Ball gepasst (E) und reiht sich wieder ein.

- Nachdem jeder Spieler vier Würfe gemacht hat, wird der Passgeber (▲4) ausgetauscht und die Serie wiederholt sich mit einer neuen Vorgabe (hoch, halb, tief).

⚠ Die Serie kann mit 2–3 Werfern sehr gut durchgeführt werden. Die Spieler müssen sich nach ihrem Wurf jeweils sofort mit einem neuen Ball wieder anstellen.

Nr. 19	Laufen, Passer, Fangen und Werfen	7	☆
Benötigt:	3 Hütchen, ausreichend Bälle		

Ablauf:

- ▲1 startet mit Ball, passt ▲4 den Ball (A) und bekommt ihn sofort wieder zurück (B). Dabei umläuft ▲1 das Hütchen.

- Danach biegt ▲1 sofort ab, passt ▲5 den Ball (C) und bekommt ihn sofort wieder zurück (D). ▲1 umläuft beide Hütchen (E) und wirft nach Vorgabe auf das Tor (F).

- Etwas versetzt startet ▲2 mit dem gleichen Ablauf usw.

- Wenn alle Spieler der Reihe nach geworfen haben, nimmt ▲4 sofort seinen Ball auf (G), umläuft das Hütchen, passt ebenfalls den Ball mit ▲5 und wirft dann auf das Tor.

- Wenn ▲4 fertig ist, nimmt ▲5 sofort seinen Ball auf, umläuft die beiden Hütchen und wirft ebenfalls auf das Tor.

⚠ Darauf achten, dass die Lauf- und Passgeschwindigkeit hoch gehalten wird.

⚠ Die Spieler sollen zwischen den Hütchen mit schnellen und dynamischen Richtungswechseln arbeiten.

Nr. 20	Einwerfen mit Folgeaktion auf das zweite Tor	8	★
Benötigt:	ausreichend Bälle (Reservebälle links und rechts neben dem Tor)		

Ablauf:

- Der Trainer steht auf Höhe der 7-Meter-Linie und hält seine Hände leicht nach vorne gestreckt.

- **1** läuft mit 2–3 schnellen Schritten nach vorne und schlägt in die Hand des Trainers. Danach lässt er sich sofort wieder 2–3 Schritte zurück fallen, um dann dynamisch nach vorne zu stoßen und ab ca. 7 Metern im Korridor nach links nach Vorgabe (hoch, halb, tief) auf das Tor zu werfen (B).

- **2** startet etwas zeitversetzt den gleichen Ablauf (A) nach rechts auf das Tor.

- Nachdem **1** geworfen hat, sprintet **1** (D) zu den Bällen, die kurz vor der Torauslinie im Feld liegen, nimmt sich einen und startet einen Konter in Richtung dem gegenüberliegenden Tor (F).

- **2** macht den gleichen Ablauf etwas zeitversetzt (C und E).

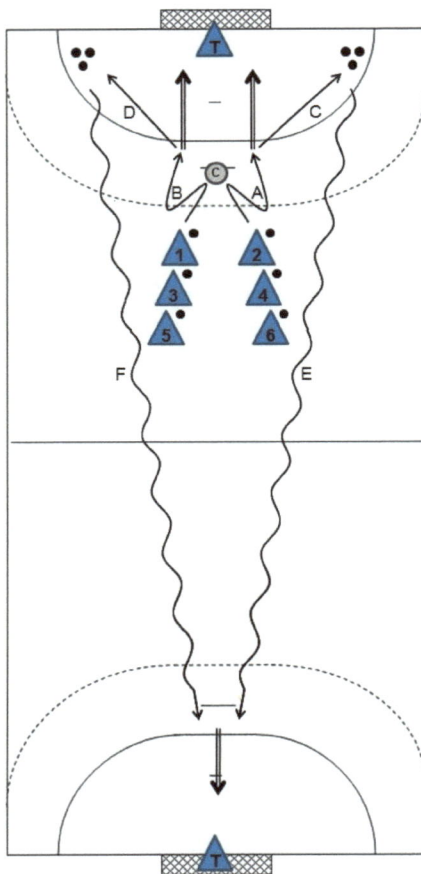

Wurfserien:
- Tor 1: Hände, hoch, tief, halb.
- Tor 2 (aus dem Lauf): Immer abwechselnd auf die Hände und Füße, hoch, tief, halb.

Jeder Torhüter bleibt eine komplette Serie in seinem Tor, danach wird getauscht.

Variationen:
- Sprungwurf.
- Wurf über das falsche Bein.

Nr. 21	Intensives Einwerfen für drei Torhüter	7	⭐
Benötigt:	Jeder Spieler mit zwei Bällen		

Aufbau:

- Jeder Spieler hat zu Beginn zwei Bälle.
- Die drei Torhüter stehen wie abgebildet im Tor (T) und neben dem Tor (T1 und T2).

Ablauf:

- 1 startet mit Ball und wirft nach Vorgabe (hoch, halb, tief) auf das Tor.
- T hält den geworfenen Ball und danach rotieren die drei Torhüter eine Position weiter (A).
- Der nächste Wurf von 2 soll so erfolgen, dass sich T1 in der Mitte des Tores positionieren kann, bevor der Wurf von 2 kommt.
- Nach dem Wurf treten die Werfer schnell seitlich zur Seite, lassen sich rückwärts zurück sinken und stellen sich hinten wieder an (B).

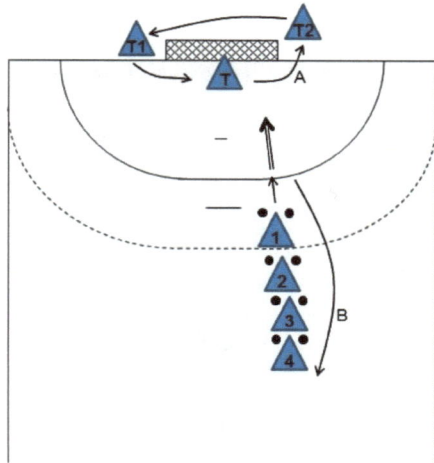

⚠ Die Geschwindigkeit so anpassen, dass die Torhüter erst in der Mitte zum Stehen kommen und nicht durchrennen, um den Ball zu halten.

Nr. 22	Einwerfen mit Kontereinleitung	8	★
Benötigt:	Ausreichend Bälle		

Grundaufbau:

- Alle Spieler stellen sich mit Ball gleichmäßig um den 6-Meter-Kreis herum auf.

Ablauf:

- 🔺1 beginnt mit der Wurfserie und wirft lang (A) nach Vorgabe (hoch, halb, tief).
- Die weiteren Spieler werfen dann im Wechsel kurz (B) und lang.
- Nachdem der letzte Spieler (🔺6) geworfen hat, startet 🔺1 in den Konter. Der Torhüter holt so schnell wie möglich einen der zuvor geworfenen Bälle (C) und leitet den Konter ein (D).
- 🔺1 schließt mit einem Sprungwurf ab der 9-Meter-Linie ab (E).
- Die anderen Spieler folgen mit dem gleichen Ablauf.

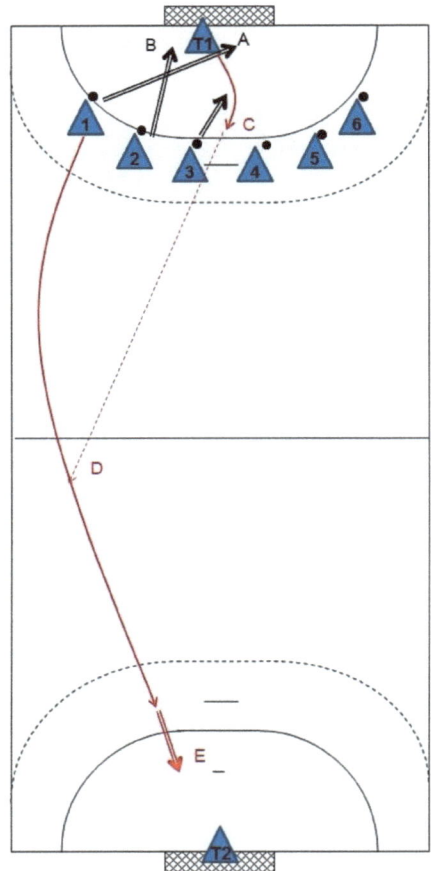

⚠ 🔺T1 soll bei der ersten Wurfserie (ab 6 Metern) langsam mit den Schützen im Kreis wandern, um immer die optimale Position zu haben.

⚠ Eventuell ein paar Reservebälle in Tornähe ablegen, falls einige der zuvor geworfenen Bälle nicht mehr im 6-Meter-Raum liegen.

Nr. 23	Einwerfen von der 6-Meter-Linie	10	★
Benötigt:	Ausreichend Bälle		

Aufbau:

- Alle Spieler stellen sich mit Ball zwischen der 6- und 9-Meter-Linie auf.

Ablauf:

- ▲**1** startet den Durchgang von der Außenposition. ▲**T1** steht zu Beginn etwas in die Mitte versetzt.

- ▲**1** wirft den Ball nach links hoch (A), ▲**T1** macht einen kleinen Schritt nach rechts und hält den geworfenen Ball (B).

- ▲**2** wirft etwas verzögert rechts hoch (C). Aber nicht in die Torecke, sondern so, dass ▲**T1** mit einem kurzen Zwischenschritt den hoch geworfenen Ball auch erreichen kann (D).

- Etwas verzögert wirft ▲**3** wieder links hoch (E), und zum Schluss der 4er-Wurfserie wirft ▲**4** rechts hoch (F).

- Nach seinem Wurf startet ▲**4** sofort in den Konter (G).

- ▲**T1** soll nach dem 4. gehaltenen Wurf sofort einen Ball holen, in eine für den Pass optimale Position laufen (H) (diagonaler Pass) und ▲**4** den Ball in den Lauf passen (J).

- ▲**4** schließt mit freiem Wurf ab (K).

- Dann startet eine weitere 4er-Gruppe mit dem gleichen Ablauf auf der rechten Seite (▲**5**, ▲**6**, ▲**7** und ▲**8**).

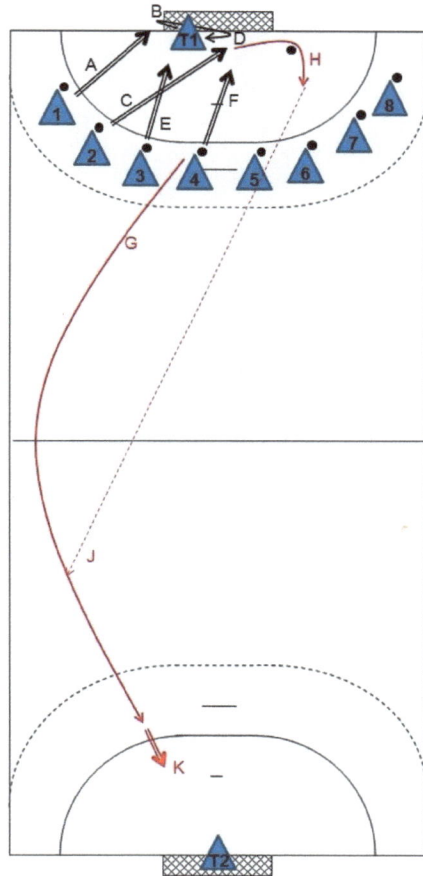

⚠ Die Spieler sollen bei der 4er-Wurfserie darauf achten, dass für ▲**T1** eine optimale Bewegung von geworfenem Ball zu geworfenem Ball möglich ist. ▲**T1** soll die Bälle mit einer „sauberen" Technik halten können.

Nr. 24	Doppel-Wurfserie mit koordinativen Zusatzaufgaben	10	⭐
Benötigt:	5 Pommes, 6 Reifen, ausreichend Bälle		

Ablauf:

1️⃣ und 5️⃣ starten gleichzeitig:

- **Gruppe 1:** Jeweils zwei schnelle Kontakte (li. und re. Fuß) zwischen den Pommes machen (A), danach Wurf nach Vorgabe (Hände, hoch, tief, halbhoch). Sofort den Ball holen und dann auf die andere Spielfeldhälfte sprinten (C).

- **Gruppe 2:** Die Reifen mit jeweils einem schnellen Kontakt pro Reifen, so schnell wie möglich durchlaufen (B), danach Wurf nach Vorgabe. Sofort den Ball holen und dann auf die andere Spielfeldhälfte sprinten (C).

- Beide Gruppen werfen mit derselben Wurfvorgabe (hoch, halb, tief) auf das Tor.

Variationen:

- Beidbeinig und einbeinig (li. und re.) springen. Bei jedem Durchgang die Wurfvorgabe ändern.

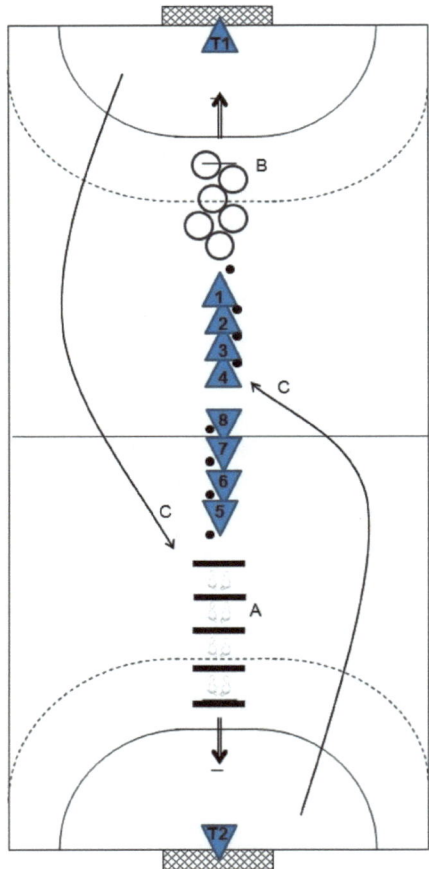

⚠️ Die Reifen und die Pommes müssen von den Spielern so durchlaufen werden, dass für die Torhüter ein Rhythmus entsteht.

Nr. 25	Wurfserie mit Zusatzaufgabe und Pass	8	★
Benötigt:	7 Turnreifen, 1 Hütchen, ausreichend Bälle		

Ablauf:

- ▲1 startet mit Ball und durchläuft die Reifenbahn nach Vorgabe (A).
- Nach dem letzten Reifen sprintet er um das Hütchen (B) und passt ▲T1 den Ball (C).
- ▲1 bekommt den Ball sofort wieder zurück (D), läuft in zügigem Tempo auf die andere Hallenseite und wirft dort nach Vorgabe (hoch, halb, tief) (E).
- ▲2 startet unmittelbar nach ▲1, sodass für ▲T2 ein Rhythmus entsteht.
- Usw.

⚠ Die Spieler sollen beim Anlaufen zum Wurf (E) etwas Abstand einhalten, sodass eine zügige Einwerfrunde für ▲T2 entsteht.

Laufvorgaben durch die Reifen:

- Je Reifen einen Kontakt (links – rechts – links – …).
- Je Reifen zwei Kontakte (links und rechts – links und rechts – …).
- Dabei den Ball hochwerfen und wieder fangen.
- Dabei den Ball um die Hüfte kreisen lassen.

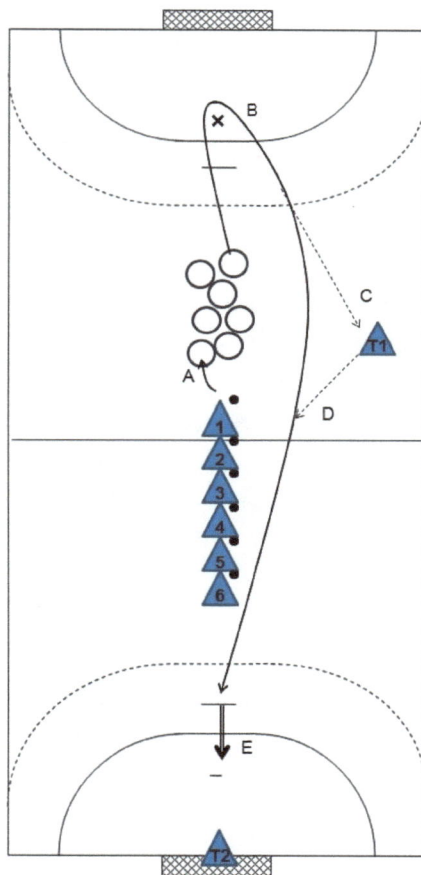

Nr. 26	Schnelle Spieleröffnung und Wurfserie	8	⭐
Benötigt:	Ausreichend Bälle		

Ablauf:

- **1** startet und bekommt von **T2** den Ball sofort in den Lauf gespielt (A).

- **1** zieht einen Sprint bis zur Mittelinie an (B), verzögert ein bisschen und lässt die nachfolgenden Spieler aufschließen.

- Sofort nachdem **1** gestartet ist und den Ball von **T2** bekommen hat, startet **2** und bekommt ebenfalls einen Ball von **T2** in den Lauf gespielt.

- Usw., bis alle Spieler einen Ball bekommen haben.

- Alle Spieler werfen (C) bei **T1** eine Serie nach Vorgabe (Hände, hoch, tief, halbhoch).

- Nach der Serie wiederholt sich der Ablauf von der anderen Seite. **T1** passt, **T2** bekommt die Wurfserie usw.

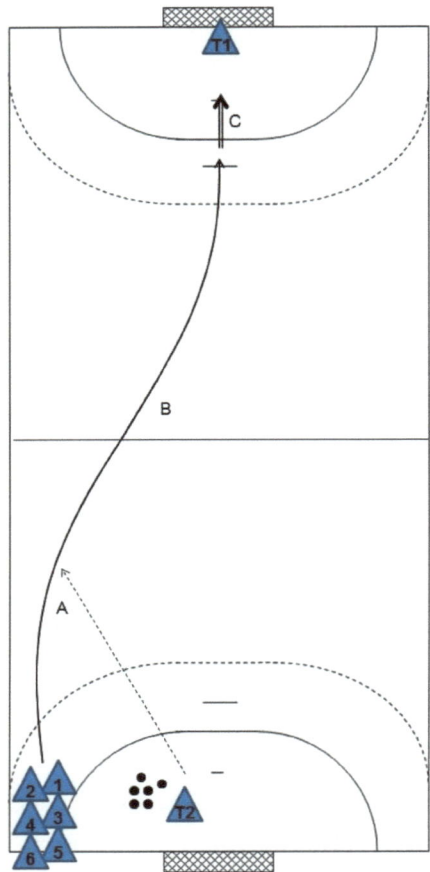

Variationen:

- Wurf über das falsche Bein.
- Sprungwurf.

⚠ Hohe Anforderung auch für den passenden Torhüter. Er soll so schnell wie möglich, aber dennoch präzise die Bälle ins Spiel bringen, damit keine lange Wartezeit bei den Schützen entsteht.

Nr. 27	Wurfserie über das ganze Feld mit Stoßbewegung	8	★★
Benötigt:	1 Hütchen, Ballkiste mit ausreichend Bällen		

Ablauf:

- 1 und 2 starten gleichzeitig und passen sich den Ball n der Laufbewegung dreimal zu (A, B und C). Das Laufen und Passen so organisieren, dass 2 den letzten Pass zu 1 hinter dem Hütchen ausführt (C).

- 1 prellt mit Ball weiter Richtung Tor und wirft (E) nach Vorgabe.

- 2 stoppt seine Vorwärts-bewegung, läuft dynamisch um das Hütchen herum und bekommt von T2 den Ball in den Lauf gespielt (D).

- 2 prellt mit Ball weiter Richtung Tor und wirft (E) nach Vorgabe.

- Die nächste Gruppe läuft so zeitversetzt los, dass eine Serie für den Torhüter entsteht.

- Usw.

- Nach dem Wurf sprinten die Werfer jeweils in die andere Spielfeldhälfte und holen sich danach wieder einen Ball (F).

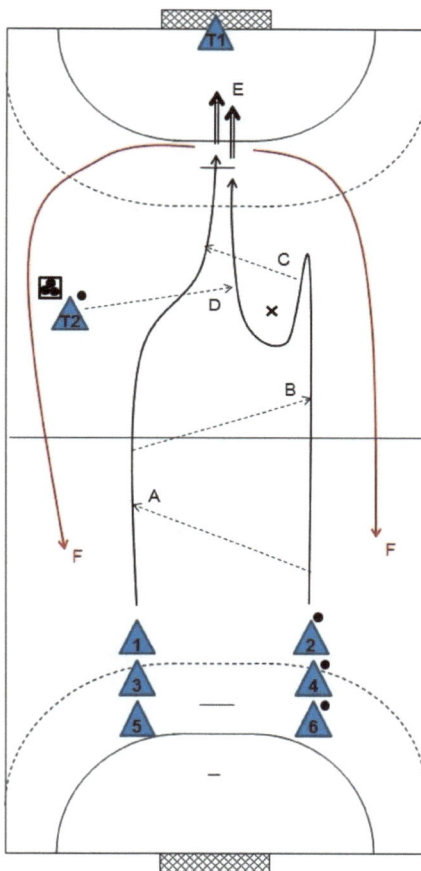

Nr. 28	Einwerfen mit Würfen für den Kreisläufer vom 6-Meter-Kreis	9	★★
Benötigt:	4 Hütchen, 2 Pommes (Schaumstoffbalken), 2 Ballkisten mit ausreichend Bällen		

Ablauf:

- **2** stößt ohne Ball an und bekommt von **1** den Ball in den Lauf gespielt (A).

- Mit Ball zieht **2** dynamisch nach innen, umläuft dabei die beiden Hütchen (B) und passt **1** den Ball an den Kreis (C).

- **1** macht einen Schritt nach vorne, nimmt dabei den Ball auf und wirft nach Vorgabe (hoch, halb, tief) nach links auf das Tor (D).

- Etwas zeitversetzt startet der Ablauf auf der anderen Seite mit Wurf nach rechts (E), sodass für **T** eine Serie entsteht.

- Nach der Aktion stellen sich **1** und **2** wieder an (F und G). **2** nimmt sich dabei einen Ball aus der Ballkiste usw.

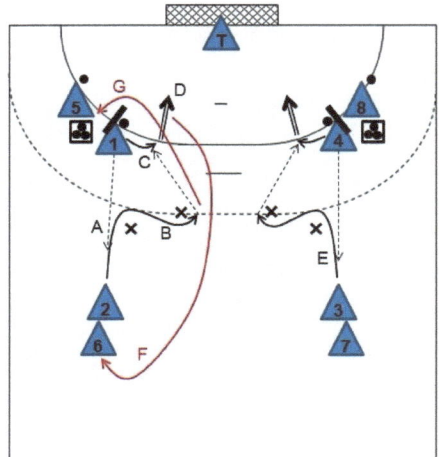

Variation:
- Der Pass an den Kreis (C) erfolgt aus dem Sprungwurf heraus.

⚠ Die Rückraumspieler (**2** und **3**) sollen die Aktion nach innen nach Möglichkeit ohne Prellen (innerhalb der Dreischrittregel) absolvieren.

handball-uebungen.de
Trainingseinheiten und Übungen für Ihr Training!

Nr. 29	Dynamisches Einwerfen in der Stoßbewegung	10	★★
Benötigt:	8 Hütchen, ausreichend Bälle		

Vorbereitung:

- Rechts und links hinter den Hütchen stellen sich die Spieler mit Ball auf. Ein Spieler **9** steht in der Mitte ohne Ball.

Ablauf:

- **1** macht mit Ball eine dynamische Körpertäuschung vor den Hütchen.

- **9** startet zeitlich parallel und läuft nach einer Körpertäuschung nach links (A) und bekommt von **1** nach cessen Körpertäuschung den Ball gespielt (B).

- **9** wirft im Schlagwurf nach Vorgabe (hoch, halb, tief) aufs Tor.

- Nach dem Pass zu **9** startet **1** mit schnellen seitlichen Rückwärtsschritten um das hintere Hütchen in der Mitte (C).

- Etwas zeitversetzt startet **5** mit dem gleichen Ablauf wie **1** (nur spiegelverkehrt). **5** macht eine Körpertäuschung vor dem Hütchen, zieht nach innen und spielt **1** den Ball, der von hinten kommt.

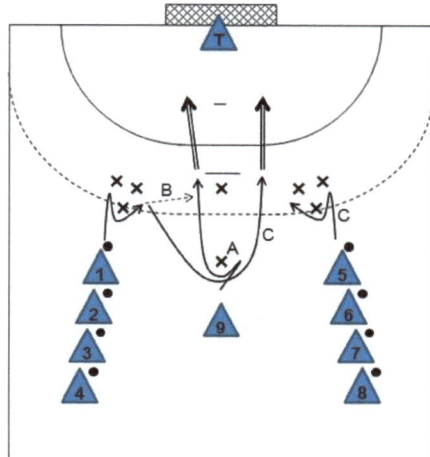

Variationen:

- Geschwindigkeit immer mehr steigern.
- Wurf erfolgt im Sprungwurf.

Nr. 30	Schnelles Einwerfen mit anschließender Kontereinleitung und 2. Wurfserie	7	★★
Benötigt:	2 Hütchen, ausreichend Bälle		

Ablauf:

- Die Spieler werfen abwechselnd kurz und lang (A) nach Vorgabe (Hände, hoch, halb, tief).
- Nach dem Wurf sprinten sie zu einer vorher definierten Linie hinter der Mittellinie (B).
- Der Torhüter bewegt sich bei der Wurfserie im Tor immer mit dem Standort des Werfers (C), sodass er immer den optimalen Winkel zum Werfer hat.
- Nachdem alle Spieler geworfen haben, startet der Torhüter zum ersten Ball (D) und passt mit einem langen Pass zu 1 (F), dann zum nächsten Ball (E) usw., bis alle Spieler wieder einen Ball haben.
- 6 startet, läuft durch die Hütchen und wirft nach der gleichen Vorgabe wie zuvor auf das Tor (G).
- Alle anderen Spieler starten etwas zeitversetzt, sodass eine Serie für den Torhüter entsteht.

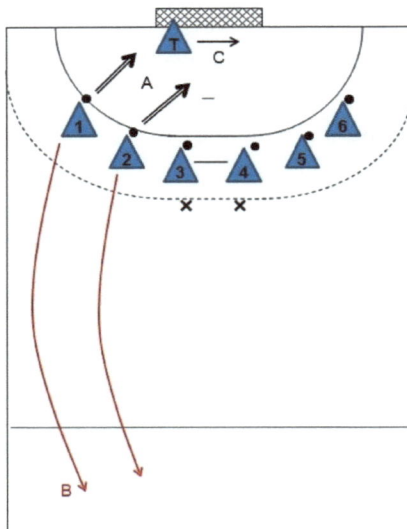

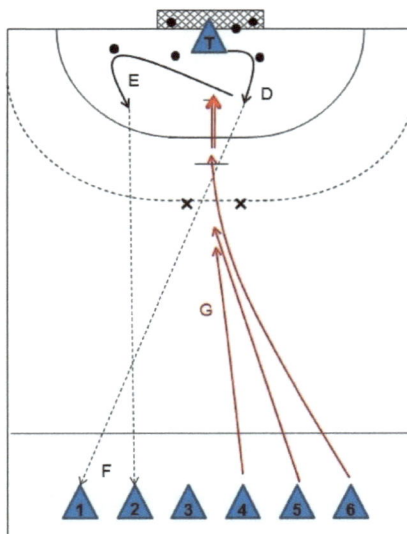

Variation:

- Zwei Torhüter, die das Passen übernehmen und sich im Tor abwechseln.

Nr. 31	Schnelles Vor und Zurück, Wurf über LA/RA 1	7	⭐⭐
Benötigt:	6 Hütchen, ausreichend Bälle		

Ablauf:

- 🔺1 stößt (A) und passt (B) 🔺2 in den Lauf, der von RA wirft.

- Nach dem Wurf sprintet 🔺2 im Bogen zur Mittellinie (C), um sich danach wieder anzustellen.

- 🔺1 zieht sich sofort rückwärts nach links zurück und umläuft (D) die beiden linken Hütchen.

- 🔺3 stößt mit Ball und spielt 🔺1 in den Lauf, der von LA wirft.

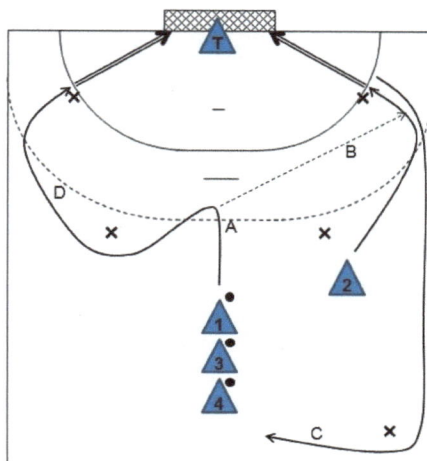

- Usw.

⚠️ Dem Torhüter ausreichend Zeit verschaffen, damit er sich in der richtigen Grundstellung für den Wurf von außen aufstellen kann.

Nr. 32	Einwerfen aus dem vollen Lauf 1	7	★★
Benötigt:	2 Hütchen, ausreichend Bälle		

Ablauf:

- 🔺1 und 🔺4 starten gleichzeitig, dabei prellt 🔺1 den Ball.
- Beide umlaufen das Hütchen.
- Direkt nach dem Umlaufen des Hütchens passt 🔺1 den Ball (A) zu 🔺4.
- Sofortiger Rückpass (B).
- Immer abwechselnd nach Vorgabe (hoch, halb, tief) werfen (z. B. links/rechts hoch).
- Die zweite Gruppe startet etwas zeitversetzt, sodass für den Torhüter ein Rhythmus entsteht.

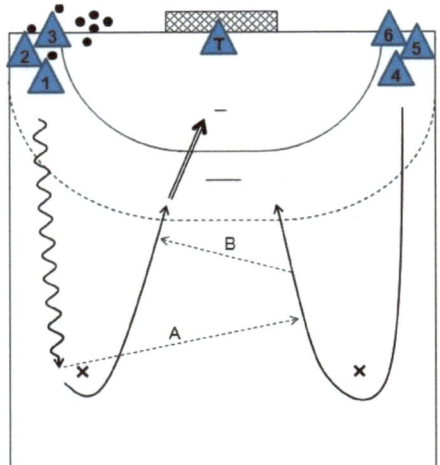

Variationen:

- Sprungwurf.
- Wurf übers falsche Bein.

Nr. 33	Einwerfen aus dem vollen Lauf 2	7	★★
Benötigt:	2 Hütchen, ausreichend Bälle		

Ablauf:

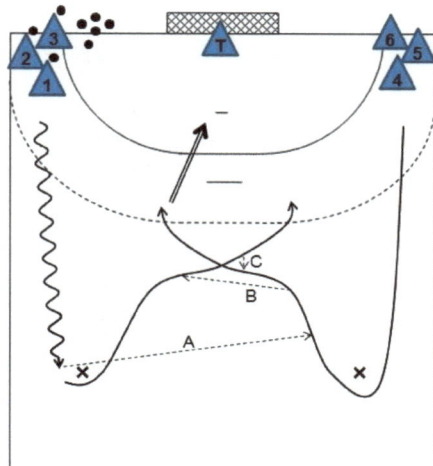

- 1 und 4 starten gleichzeitig, dabei prellt 1 den Ball.
- Beide umlaufen das Hütchen.
- Direkt nach dem Umlaufen des Hütchens passt 1 den Ball (A) zu 4.
- Sofortiger Rückpass (B) zu 1, der sofort ins Ankreuzen geht.
- 4 kommt hinten herum gelaufen (Kreuzen) und bekommt von 1 den Ball gespielt (C).
- Immer abwechselnd nach Vorgabe (hoch, halb, tief) werfen.
- Die zweite Gruppe startet etwas zeitversetzt, sodass für den Torhüter ein Rhythmus entsteht.

Variationen:
- Sprungwurf.
- Wurf übers falsche Bein.
- Sprungwurfpass (dabei den Ball beim Kreuzen nach hinten fallenlassen).
- Bälle auf die andere Seite -> spiegelverkehrter Ablauf.

Nr. 34	Einwerfen aus dem vollen Lauf 3	7	★★
Benötigt:	2 Hütchen, ausreichend Bälle		

Ablauf:

- ▲1 läuft ohne Ball los, umläuft das Hütchen und bekommt von ▲2 den Ball in den Lauf gespielt (A).
- ▲4 läuft zeitversetzt los, umläuft das Hütchen und bekommt von ▲5 den Ball in den Lauf gespielt (B).
- Danach startet ▲2 usw.

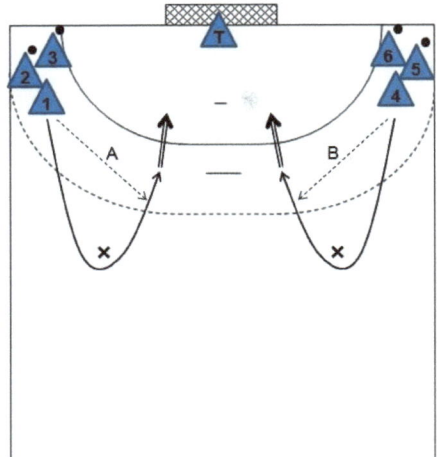

⚠ Die Geschwindigkeit und das Loslaufen so timen, dass für den Torhüter ein Rhythmus entsteht.

Nr. 35	Wurfserie mit einer einfachen Kreuzbewegung	7	★★
Benötigt:	Ausreichend Bälle		

Ablauf:

- ▲1 startet und kreuzt ▲2 an (A), der dynamisch im Bogen angelaufen kommt (B).
- ▲2 wirft aus dem Lauf nach Vorgabe (Hände, hoch, tief, halbhoch) (C).
- ▲1 zieht sich sofort nach dem Ankreuzen rückwärts auf die Startposition von ▲2 zurück (D).
- ▲3 startet und kreuzt ▲1 an usw.

Variation:
- Seitenwechsel.
- Wurf aus dem schnell geworfenen Sprungwurf (schneller Wurf, ohne in der Luft zu verzögern).

Nr. 36	Schnelles Vor und Zurück, Wurf über RL/RR 2	7	★★
Benötigt:	4 Hütchen, ausreichend Bälle		

Ablauf:

- ▲1 stößt zwischen den Hütchen durch (A) und spielt (B) den Ball zu ▲2, der parallel stößt und im Korridor nach Vorgabe (hoch, halb, tief) auf das Tor wirft (rechts wirft nach rechts und links wirft nach links).

- Danach macht ▲1 drei bs vier schnelle Schritte nach links rückwärts um das linke Hütchen herum und läuft sofort wieder nach vorne (C).

- ▲3 stößt sofort nach, nachdem ▲1 den Ball zu ▲2 gespielt hat, und passt den Ball nach links zu ▲1.

- Danach beginnt der gleiche Ablauf wieder nach rechts.

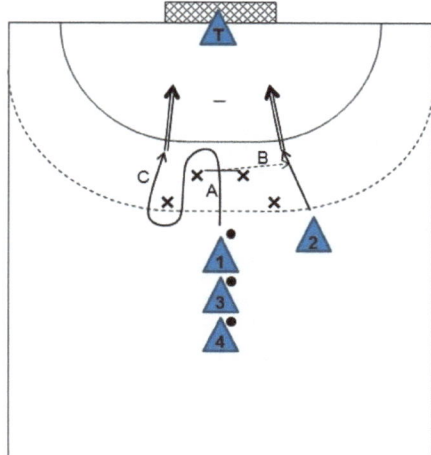

Variationen:

- Sprungwurf.
- Geschwindigkeit langsam steigern.

⚠ Dynamische Vorwärts- und Rückwärtsbewegung.

Nr. 37	Einwerfen mit Kreuzbewegungen	9	★★
Benötigt:	3 Hütchen, Ballkiste mit ausreichend Bällen		

Ablauf:

- 2 prellt mit Ball dynamisch nach links und kreuzt mit 1 (A).

- 1 prellt dynamisch nach rechts um das Hütchen und kreuzt mit 3 (B).

- 3 geht Richtung Tor und wirft nach Vorgabe (hoch, halb, tief) auf das Tor (C).

- Aufstellen nach der Aktion (D, E und F; 3 holt sich einen neuen Ball und stellt sich auf der Mitte an).

- Danach startet 5 und kreuzt mit 4 usw.

Nr. 38	Wurfserie mit Abwehraktion	8	★★
Benötigt:	Ausreichend Bälle		

Ablauf:

- 🔺1 läuft mit Ball an und hebt den Wurfarm zum Wurf (A).

- 🟢1 läuft 🔺1 dynamisch entgegen und drängt ihn in der Abwehraktion zurück (ca. 0,5 Meter) (B).

- 🟢1 lässt sich sofort nach der Aktion gegen 🔺1 wieder auf die Ausgangsposition zurücksinken.

- Nachdem 🔺1 zurückgedrängt wurde, startet er Richtung Tor und wirft nach Vorgabe (Hände, hoch, tief, halbhoch) (C).

- Jetzt startet 🔺2 auf der anderen Seite mit dem gleichen Ablauf (D).

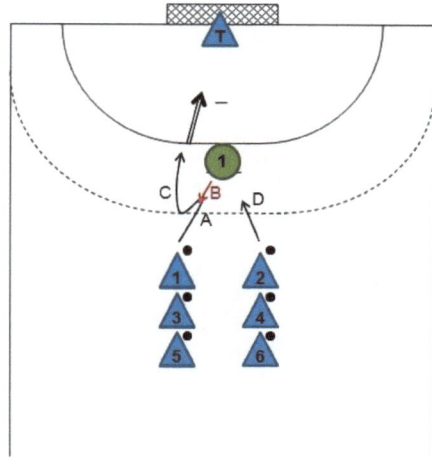

⚠ Darauf achten, dass 🟢1 richtig in der Abwehrhaltung agiert (Wurfarm und diagonal die Hüfte attackieren).

⚠ Die Spieler müssen 🟢1 ausreichend Zeit geben, damit er wieder auf die Ausgangsposition zurücksinken kann.

⚠ 🟢1 soll den Spieler dynamisch zurückdrücken, nicht „festmachen".

Nr. 39	Wurfserie mit Parallelstoß und Abwehr	9	★★
Benötigt:	2 Hütchen, ausreichend Bälle		

Ablauf:

- ▲3 stößt mit Ball an (A).
- ●1 tritt dynamisch heraus (B).
- ▲3 spielt den Ball so rechtzeitig ab (C), dass er von ●1 dabei nicht gestört wird (●1 soll aber deutlich auf ▲3 heraus treten).
- ▲2 bekommt den Ball in den Lauf gespielt und wirft nach Vorgabe (Hände, hoch, tief, halbhoch) (D) (im Korridor nach links).
- Nach seinem Pass zieht sich ▲3 sofort wieder dynamisch zurück auf die Ausgangsposition (E).
- ●1 lässt sich dynamisch rückwärts zum 6-Meter-Kreis zurückfallen (F), um dann sofort der Stoßbewegung (G) von ▲4 entgegenzutreten.
- ▲3 bekommt den Ball in den Lauf gespielt und wirft nach Vorgabe (im Korridor nach rechts) (H).

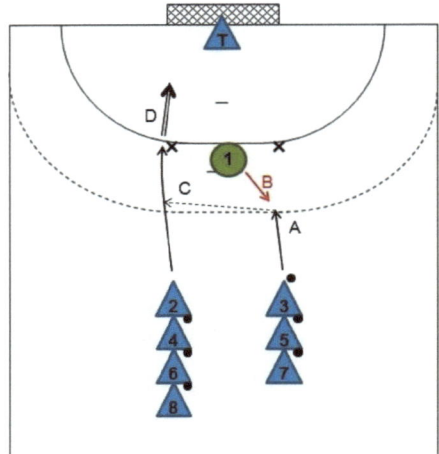

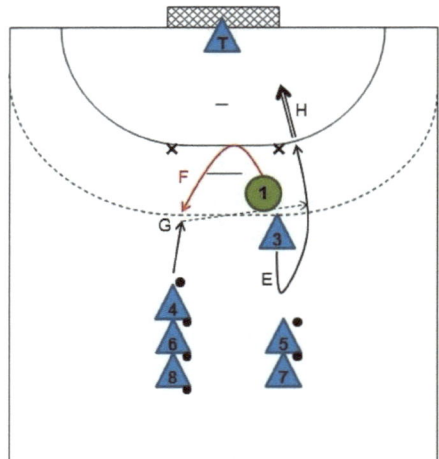

Variation:

- Wurf aus dem Sprungwurf heraus.
- Wurf über das „falsche Bein".
- Nach dem Wurf einen Sprint bis zur Mittellinie anziehen.

Nr. 40	Wurfserie mit Stoßen/Gegenstoßen 1	9	★★
Benötigt:	2 Hütchen, 2 Leibchen, ausreichend Bälle		

Ablauf:

- 1 läuft dynamisch nach vorne und holt dabei zum Wurf aus (A).

- 1 geht in der Abwehrbewegung nach vorne, attackiert den Wurfarm und drückt 1 deutlich nach hinten zurück (B).

- Direkt nach der Aktion wirft 2 ein Leibchen leicht nach oben. 1 muss nun versuchen, das Leibchen zu fangen, bevor es auf dem Boden aufkommt (C).

- 2 sprintet zur Ballkiste, holt sich einen neuen Ball und stellt sich wieder an (D).

- 1 lässt sich nach der ersten Aktion rückwärts zurücksinken, umläuft das Hütchen (E) und wirft nach Vorgabe (hoch, halb, tief) auf das Tor (F).

- 1 wird danach zum neuer Abwehrspieler und 1 wirft das Leibchen.

- Etwas zeitversetzt startet 3 auf der anderen Seite mit dem gleichen Ablauf (G).

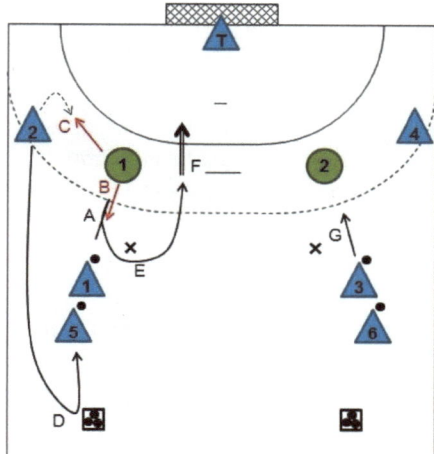

⚠ Auf die richtige Abwehrstellung von 1 achten.

⚠ 1 soll in der ersten Aktion Körperdruck auf 1 erzeugen, sodass dieser 1 mit Kraft zurückschieben muss.

⚠ Das Leibchen so werfen (C), dass 1 es mit schnellen Schritten gerade noch erreichen kann.

Nr. 41	Wurfserie mit Stoßen/Gegenstoßen 2	7	★★
Benötigt:	4 Hütchen, Ballkiste mit ausreichend Bällen		

Ablauf:

- ▲1 stößt dynamisch mit Ball nach vorne und zieht nach rechts (A).

- ▲2 läuft ein bisschen verzögert los, umläuft das äußere Hütchen nach rechts, bekommt von ▲1 den Ball in den Lauf gespielt (B) und wirft im Korridor nach rechts nach Vorgabe (Hände, hoch, tief, halbhoch) aufs Tor (C).

- Nach dem Pass von ▲1 zu ▲2 (B), zieht sich ▲1 sofort dynamisch zurück und umläuft das linke Hütchen (D).

- Wenn ▲1 in der seitlichen Bewegung ist (D), startet ▲4, stößt dynamisch mit Ball nach vorne, zieht nach links (E) und spielt ▲1 den Ball in den Lauf (F).

- ▲1 wirft nach Vorgabe im Korridor aufs Tor (G).

- Nach dem Wurf (C und G) sprinten die Spieler zur Ballkiste, holen sich einen neuen Ball und stellen sich sofort wieder an (H).

- Der Ablauf wiederholt sich so lange, bis die Ballkiste leer ist.

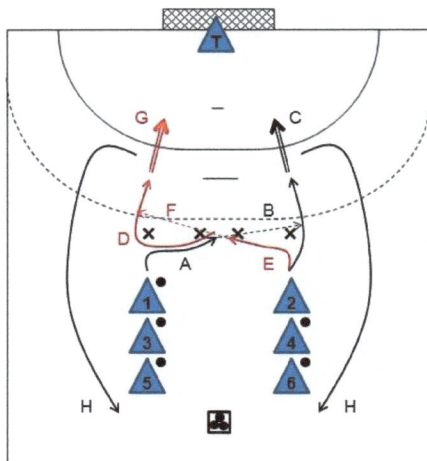

Nr. 42	Wurfserie mit Stoßen/Gegenstoßen 3	7	★★
Benötigt:	6 Hütchen, ausreichend Bälle		

Ablauf:

- 🔺1 stößt dynamisch mit Ball Richtung Mitte (A) und passt 🔺2 den Ball (C), der aus der Mitte startet (B).
- 🔺2 wirft nach Vorgabe (Hände, hoch, tief, halbhoch) auf den kurzen Pfosten (D).
- Nach dem Pass (C) zieht sich 🔺1 sofort dynamisch zurück, umläuft das Hütchen (E) und bekommt von 🔺4 den Ball in den Lauf gespielt, der dynamisch in die Mitte stößt (F).
- 🔺1 wirft nach Vorgabe kurz (hoch oder tief) (G).

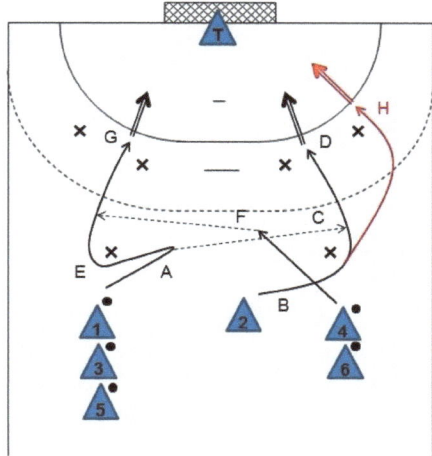

Variation:

- Der Werfer umläuft das äußere Hütchen und wirft (H).

⚠ Nach dem Pass sollen die Spieler mit hoher Geschwindigkeit den Richtungswechsel absolvieren (E).

⚠ Auf deutliches Stoßen in die Mitte achten (F).

Nr. 43	Wurfserie mit Zusatzaufgabe für den Torhüter 1	7	★★
Benötigt:	1 kleine Turnkiste, Ballkiste mit ausreichend Bällen		

Ausgangsstellung:

- Eine kleine Turnkiste steht auf der Torlinie. Der Torhüter sitzt auf der Turnkiste mit Blickrichtung zu den Werfern.

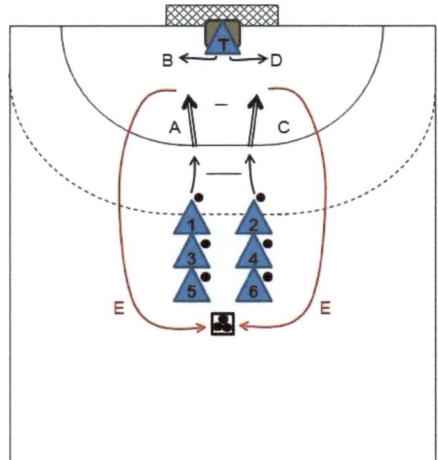

Ablaut:

- 🔺 läuft mit Ball an und wirft im Korridor (links) hoch (A).

- 🔺 steht dynamisch auf und reagiert zum hoch geworfenen Ball (B).

- Danach setzt sich 🔺 wieder auf die Kiste.

- Sobald 🔺 wieder auf der Kiste sitzt, läuft 🔺 an und wirft ebenso im Korridor (rechts) hoch (C).

- 🔺 steht dynamisch auf und reagiert zum hoch geworfenen Ball (D).

- Danach setzt sich 🔺 wieder auf die Kiste.

- Usw.

- Nach dem Wurf sprinten die Werfer dynamisch zur Ballkiste, holen sich einen neuen Ball und stellen sich wieder an (E).

Serien:

- Ca. 10 Würfe hintereinander ausführen. Bei gewünschter hoher Belastung für den Torhüter entsprechend mehr Würfe (z. B. 20).

- Tiefe Bälle, mit und ohne Absitzen in den Hürdensitz.

- Diagonale Serie, links hoch – rechts tief.

- Viereck abwerfen, links tief – links hoch – rechts hoch – rechts tief – usw.

⚠ Dem Torhüter ausreichend Zeit zum Hinsetzen geben.

⚠ Auf den richtigen Bewegungsablauf achten; die Geschwindigkeit muss so angepasst werden, dass die Technik stimmt!

⚠ Zwischen den einzelnen Serien ausreichend Zeit zur Erholung geben.

Nr. 44	Wurfserie mit Zusatzaufgabe für den Torhüter 2	7	★★
Benötigt:	1 Luftballon, Ballkiste mit ausreichend Bällen		

Grundaufbau:

- **T** agiert immer aus der Mitte des Tors heraus.

Ablauf:

- **T** stößt neben dem Tor einen Luftballon so an, dass er nach oben fliegt (A) und geht dann sofort wieder zurück in die Mitte des Tors.

- **1** läuft mit Ball dynamisch an (B) und wirft nach Vorgabe (Hände, hoch, tief, halbhoch) (C), sobald **T** wieder in der Mitte des Tors angekommen ist.

- **T** reagiert in Richtung der jeweiligen Ecke und versucht, den Ball zu halten (D).

- Danach läuft **T** sofort wieder nach außen zum Luftballon und stößt ihn an, sodass er wieder nach oben fliegt (A).

- Usw.

- Die Spieler sprinten nach ihrem Wurf zur Mittellinie und holen dort zügig ihren Ball, damit keine große Pause zwischen den Serien entsteht.

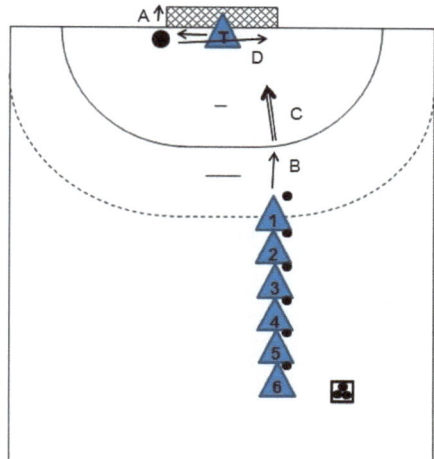

Erweiterte Wurfvorgaben:

- Im Wechsel hoch und tief.
- Nach ca. 10 Bällen Eckenwechsel.

⚠ Die Spieler sollen ihre Würfe so abstimmen, dass für den Torhüter ein Rhythmus entsteht. Die geworfenen Bälle müssen erreichbar sein, der Torhüter soll aber auch nicht auf die Würfe warten müssen!

⚠ **T1** muss den Luftballon erreichen, bevor er auf dem Boden aufkommt.

Nr. 45	Wurfserie mit Zusatzaufgabe für den Torhüter 3	8	★★
Benötigt:	Ballkiste mit ausreichend Bällen		

Grundaufbau:

- T1 agiert immer aus der Mitte des Tors heraus.

Ablauf:

- T2 spielt T1 einen Ball zu, den dieser sofort wieder zurückspielt (A).

- 1 läuft mit Ball dynamisch an (B) und wirft nach Vorgabe (Hände, hoch, tief, halbhoch) nach rechts (C), sobald T1 wieder in der Mitte des Tors angekommen ist.

- T1 reagiert in Richtung der jeweiligen Ecke und versucht, den Ball zu halten (D).

- Danach geht T1 zurück in die Mitte des Tors und bekommt von T2 wieder den Ball zugespielt.

- Usw.

⚠ Die Spieler sollen ihre Würfe so abstimmen, dass für den Torhüter ein Rhythmus entsteht. Die geworfenen Bälle müssen erreichbar sein, der Torhüter soll aber auch nicht auf die Würfe warten müssen!

⚠ Nach ca. 10 Bällen Torhüterwechsel/Eckenwechsel.

Erweiterte Wurfvorgaben:

- Im Wechsel hoch und tief.

Nr. 46	Wurfserie mit Zusatzaufgabe für den Torhüter 4	8	⭐⭐
Benötigt:	2 Hütchen, Ballkiste mit ausreichend Bällen		

Ablauf:

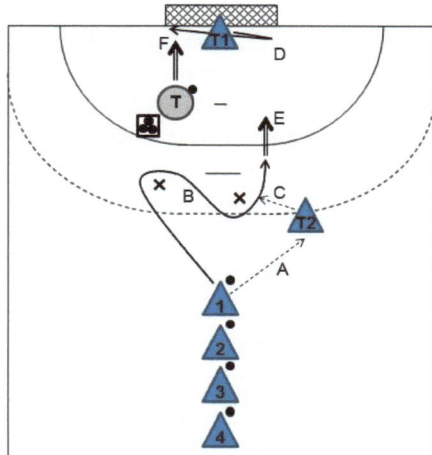

- ▲1 spielt den Ball zu ▲T2 (A), umläuft in hohem Tempo die beiden Hütchen (B) und bekommt von ▲T2 den Ball zurückgespielt (C).

- ▲T1 startet aus der Mitte des Tors und hält (D) den von ▲1 nach rechts geworfenen Ball (E).

- Nach der Aktion geht ▲T1 sofort in die Seitwärtsbewegung zum anderen Pfosten und hält den von Ⓣ nach links geworfenen Ball (F).

- Danach geht ▲T1 sofort wieder zurück in die Ausgangsposition in der Mitte des Tors und wartet dort auf den nächsten Wurf usw.

- Danach wiederholt sich der Ablauf mit den anderen Werfern, bis jeder einmal geworfen hat.

- Nach 1–2 Durchgängen die Seite wechseln, auf der geworfen wird.

⚠ ▲T1 soll seine Aktion (D) aus der Mitte heraus starten, ohne bereits beim Wurf in der Ecke zu stehen, in die ▲1 wirft.

⚠ ▲T1 soll nach dem Halter des ersten Balls sofort in die dynamische Seitwärtsbewegung gehen und den zweiten Ball halten (F).

Nr. 47	Wurfserie mit Zusatzaufgabe für den Torhüter 5	7	★★
Benötigt:	7 Hütchen, 2 Ballkisten mit ausreichend Bällen		

Aufbau:

- Mit zwei Hütchen auf jeder Seite die Wurfpositionen markieren.
- Für den Torhüter zusätzlich drei farbige Hütchen aufstellen (s. Bild).

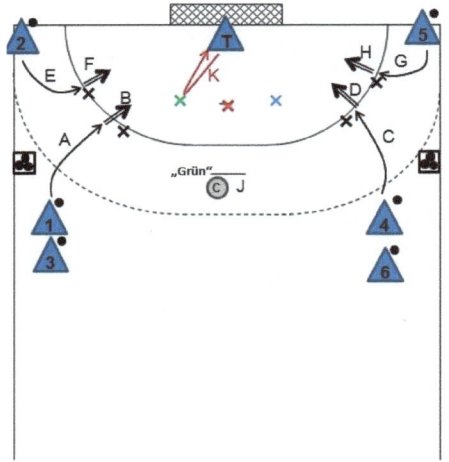

Ablauf:

- ▲1 startet mit Ball zwischen die Hütchen (A) und wirft nach Vorgabe (hoch, tief) nach links (B).
- Dann startet ▲4 zwischen die Hütchen (C) und wirft nach Vorgabe nach rechts (D).
- Sofort folgt ein Wurf nach Vorgabe von ▲2 auf der Außenposition (E und F) und ein Wurf von ▲5 von der anderen Außenposition (G und H).
- Dann ruft der Trainer eine Farbe (J; hier „grün") und der Torhüter berührt das entsprechende Hütchen (K).
- Dann startet der Ablauf erneut mit Wurf von ▲3.

⚠ Die Würfe sollen so erfolgen, dass der Torhüter schnell in die Position finden muss, die Bälle aber haltbar sind.

⚠ Die Spieler müssen sich nach ihrem Wurf sofort einen neuen Ball aus der Ballkiste für den nächsten Durchgang holen.

Nr. 48	Wurfserie mit Zusatzaufgabe für den Torhüter und die Feldspieler	7	★★
	Benötigt: 2 dünne Turnmatten, 6 Hütchen, ausreichend Bälle		

Vorbereitung:

- 6–8 Hütchen mit ca. 2 Metern Abstand voneinander auf die Grundlinie stellen.
- T absolviert den Ablauf in der Seitwärtsbewegung (Blickrichtung zu den Werfern).
- Wurfvorgaben: hoch, halb, tief.

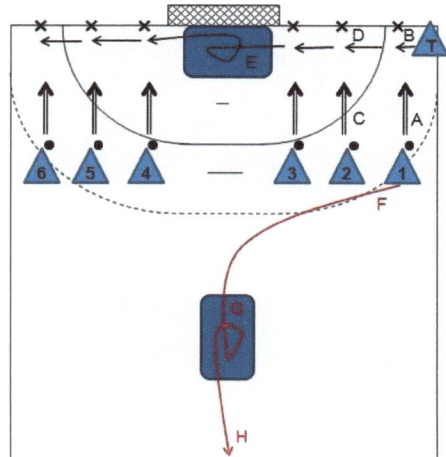

Ablauf:

- T startet neben der Seitenlinie.
- 1 wirft (A) auf Höhe des Hütchens so, dass T den Ball in der Bewegung abwehren kann (B).
- Danach wirft 2 so (C), dass T in der direkten Weiterbewegung seinen geworfenen Ball abwehren kann (D) usw.
- Nach dem Wurf von 3 macht T auf der Matte einen schnellen Purzelbaum vorwärts, danach wiederholt sich der Ablauf, bis der letzte Spieler (6) geworfen hat.
- Nach dem Wurf von 1 bis 6 starten die Spieler sofort in die Gegenbewegung (F), machen auf der Matte einen Purzelbaum vorwärts (G), stehen sofort wieder auf und sprinten noch einmal bis zur Mittellinie (H).

⚠ Die Spieler sollen so werfen, dass T in seiner Bewegung zum richtigen Zeitpunkt den Wurf Richtung Hütchen bekommt.

⚠ Darauf achten, dass die Spieler nach ihrer Wurfaktion sofort umschalten und zur Matte sprinten und nach dem Purzelbaum noch einen deutlichen Sprint bis zur Mittellinie anziehen.

Nr. 49	**Wurfserie aus der Kreuzbewegung mit Zusatzaufgabe für den Torhüter**	8	★★
Benötigt:	1 dünne Turnmatte, 2 Hütchen, Ballkiste mit ausreichend Bällen		

Ablauf:

- ▲1 läuft mit Ball deutlich nach links neben die 7-Meter-Linie (A).

- ▲6 kommt im Bogen aus dem Kreis gelaufen, nimmt die Kreuzbewegung von ▲1 an (B) und passt den Ball ▲3 in die Laufbewegung (D), der von außen angelaufen kommt.

- ▲T läuft aus der Mitte heraus seitlich zur dünnen Turnmatte und macht darauf einen Purzelbaum (C).

- ▲3 umläuft das Hütchen und wirft nach rechts nach Vorgabe (hoch, halb, tief) auf das Tor (E).

- ▲T geht nach dem Purzelbaum (C) dynamisch zurück ins Tor und hält (F) den von ▲3 geworfenen Ball (E).

- Nach der Aktion stellen sich ▲1, ▲3 und ▲6 an der jeweils nächsten Position wieder an und der Ablauf wiederholt sich usw.

- Nach einer Weile die Seite tauschen.

⚠ ▲T soll seine Aktion (C und F) so starten, dass eine flüssige Bewegung entsteht.

Nr. 50	Wurfserie aus der dynamischen Laufbewegung	7	★★
Benötigt:	4 Hütchen, ausreichend Bälle		

Aufbau für den ersten Pass:

- 1 steht ohne Ball zwischen den beiden Hütchen.

Ablauf:

- 2 stößt mit Ball nach rechts zum Hütchen (A).

- 1 läuft in der schnellen Seitwärtsbewegung (B) am 9-Meter-Kreis entlang (Blickrichtung zum Tor), bekommt von 2 der Ball gespielt (C) und wirft nach Vorgabe (Hoch, halb, tief) nach rechts auf das Tor (D).

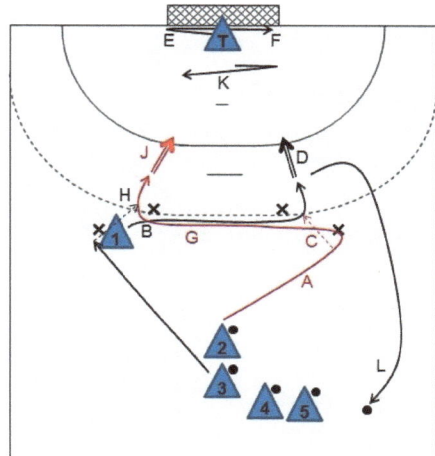

- T startet aus der Mitte des Tors, läuft dynamisch in der Seitwärtsbewegung nach links, berührt den Pfosten (E), läuft in der dynamischen Seitwärts-bewegung wieder zurück und hält (F) den von 1 nach rechts geworfenen Ball (D).

- 2 läuft direkt nach seinem Pass (C) am 9-Meter-Kreis entlang (G) (Blickrichtung zum Tor), bekommt von 3 den Ball gespielt (H) und wirft nach Vorgabe (Hoch, halb tief) nach links auf das Tor (J).

- T startet wieder aus der Mitte des Tores, läuft dynamisch in der Seitwärtsbewegung nach rechts, berührt den Pfosten, läuft in der dynamischen Seitwärtsbewegung wieder zurück und hält (K) den von 2 nach links geworfenen Bal (J).

- Usw.

- 1 holt sich nach seinem Wurf einen neuen Ball und stellt sich schnell wieder an, um den letzten Spieler anspielen zu können.

⚠ Den Abstand der Hütchen so wählen, dass für T eine Serie entsteht und er die Lauf- und Abwehrbewegungen „korrekt" ausführen kann.

⚠ Die Spieler sollen beim Fangen des Balls (C und H) den Oberkörper zum Passgeber drehen.

Nr. 51	Zwei Torhüter gleichzeitig auf ein Tor einwerfen	8	★★
Benötigt:	6 Hütchen, ausreichend Bälle		

Ablauf:

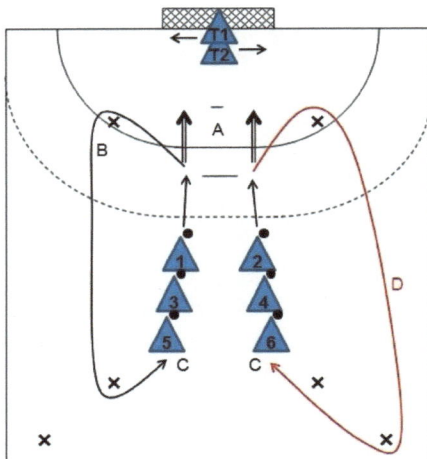

- 1 und 2 starten gleichzeitig mit ihrer Wurfaktion. 1 wirft nach Vorgabe (Hände, hoch, tief, halbhoch) im Korridor nach links und 2 ebenfalls nach Vorgabe im Korridor nach rechts.
- Die beiden Torhüter agieren aus der Tormitte heraus. T1 wehrt den Ball von 1 ab, und T2 wehrt den Ball von 2 ab.
- Etwas zeitverzögert starten 3 mit einem Wurf nach links und 4 mit einem Wurf nach rechts, sodass für die Torhüter ein Rhythmus entsteht.
- Die beiden Torhüter tauschen die Seite und halten jetzt die Bälle auf der jeweils anderen Seite; T1 den Wurf von 4 und T2 den Wurf von 3.
- Nach dem Wurf sprinten 1 und 2 um die Hütchen herum (B), holen sich danach wieder einen Ball und stellen sich für die nächste Runde an (C).
- Usw.

Variation:

- Sollte ein Spieler nicht nach Vorgabe werfen, muss er den weiteren Weg (D) sprinten.

Nr. 52	Heber abwehren und Konter einleiten	10	★★
Benötigt:	Ausreichend Bälle		

Aufbau:

- Alle Spieler stellen sich mit Ball an die 6-Meter-Linie. Sie halten den Ball für den Torhüter erreichbar vor sich hin.

Ablauf:

- T1 startet vom Pfosten und sprintet zu 1, der den Ball irgendwo für T1 erreichbar vor sich hält (A).

- T1 berührt mit einer Hand den Ball und sprintet sofort wieder zurück ins Tor. 1 macht nun einen Heber, den T1 versucht, zu erlaufen (B).

- 1 startet sofort nach dem Heber in den Konter (C), bekommt von T1 den Ball in den Lauf gepasst (D) und schließt mit Wurf ab (E).

- Nach der Kontereinleitung (D), läuft T1 sofort zurück zum Pfosten, berührt diesen und wiederholt den Ablauf mit 2.

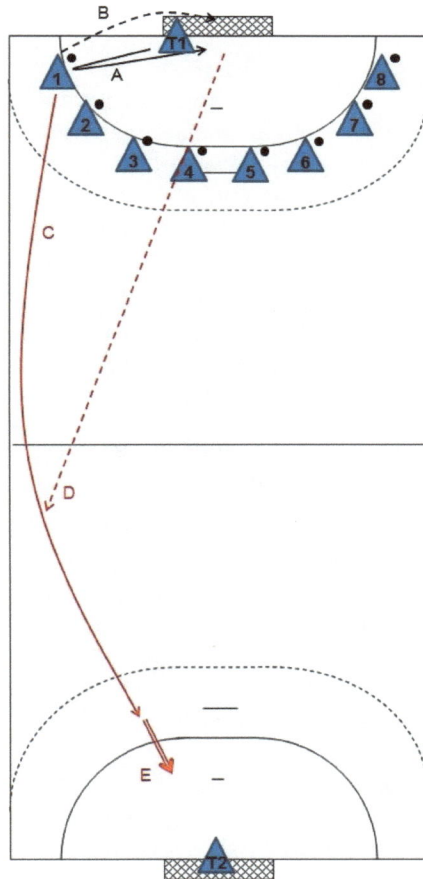

- Usw.

Nr. 53	Wurfserie und Kontereinleitung mit Koordination	8	★★
Benötigt:	7 Hütchen, 10 Turnreifen, Ballkiste mit ausreichend Bällen (je Spieler 2 Bälle)		

Ablauf:

- 🔺 startet mit Ball und läuft dynamisch vorwärts/rückwärts (Blickrichtung immer gleich zur Torauslinie) von Hütchen zu Hütchen (A) und wirft am Ende nach Vorgabe (Hoch, halb, tief) (B).

- Nach dem Wurf läuft 🔺 sofort um das Hütchen herum und durchläuft die Reifenbahn nach Vorgabe (C).

- Nach der Reifenbahn spielt T2 den langen Pass zu 🔺 (D) der das Tempo deutlich anzieht.

- 🔺 sprintet bis zur 6-Meter-Linie, stellt einen Fuß in den Kreis (E), läuft anschließend mit hohem Tempo wieder zur Gruppe und stellt sich an (F).

- Jeder Spieler wirft 2–3 Mal.

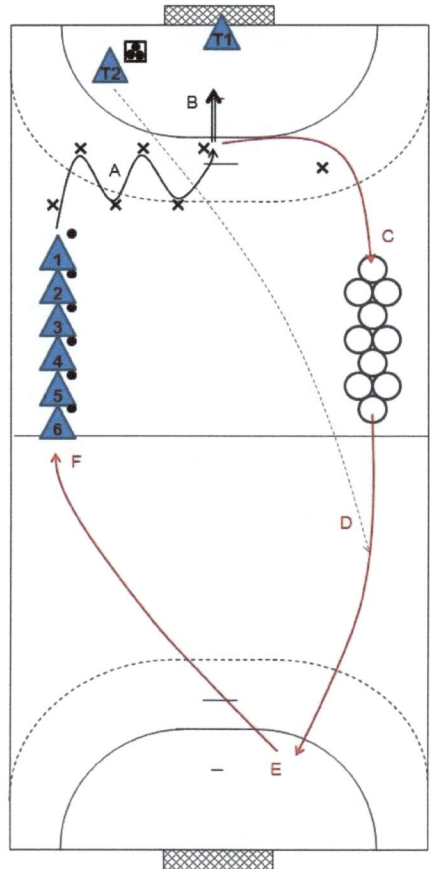

Vorgabe für die Reifenbahn:

- Mit einem Kontakt je Reifen so schnell wie möglich durchlaufen.
- Mit zwei Kontakten je Reifen (li. und re. Fuß) durchlaufen.
- Auf dem li./re. Fuß einbeinig hüpfen.
- Beidbeinig hüpfen.

Variationen:

- In der Seitwärtsbewegung durch die Hütchen laufen.
- Über das falsche Bein werfen.

Nr. 54	Konter einleiten plus Wurfserie	10	★ ★
Benötigt:	2 Hütchen, ausreichend Bälle		

Ablauf:

- ▲1 macht mit drei Schritten (ohne Prellen) eine deutliche Laufbewegung nach links (A).

- ▲1 prellt danach dynamisch nach rechts (B) und passt dem Torhüter ▲T1 aus einem Sprungwurf den Ball zu (C).

- Nach dem Pass (C), startet ▲1 sofort in den Konter (D), umläuft das Hütchen an der Mittellinie (E) und bekommt vom Torhüter ▲T1 den Ball in den Lauf gespielt (F).

- ▲2 startet mit dem Ablauf etwas zeitversetzt zu ▲1, sodass er mit seinem Sprungwurfpass nicht warten muss.

- Usw.

- ▲1 und ▲2 warten in der anderen Spielhälfte einen Moment (G), bis 5–6 Spieler da sind. Jetzt startet das Einwerfen (H) des zweiten Torhüters ▲T2 nach Vorgabe (hoch, halb, tief).

- ⬤1 und ⬤2 sollen die Seitwärtsbewegung mitmachen und etwas Widerstand geben, aber den Pass zum Torhüter zulassen. Nach ihrer letzten Aktion starten auch sie in den Konter und bekommen die Bälle gespielt, die in der Nähe des Tors liegen (J).

- Danach wiederholt sich der Vorgang zurück auf das Ausgangstor usw.

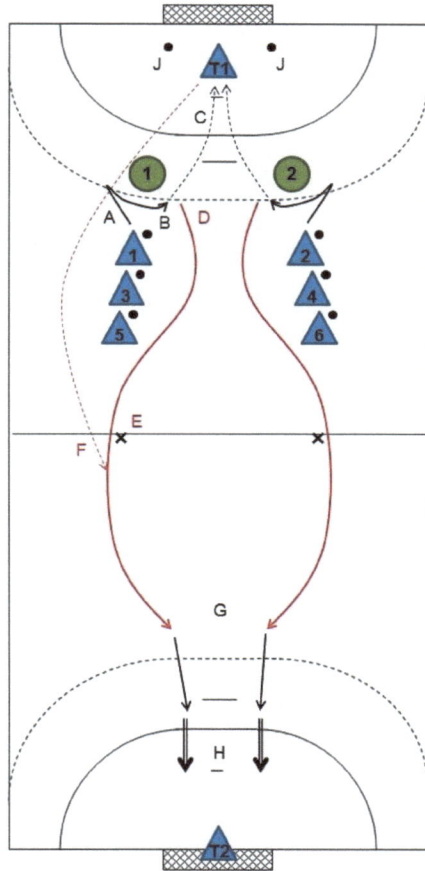

Nr. 55	4er-Wurfserie mit anschließendem Konter 1	8	★★
Benötigt:	Ballkiste mit ausreichend Bällen		

Aufbau:

- 🔺(T1) steht mit dem Rücken zu den Werfern.
- Es werden immer 4er-Wurfserien mit folgender Vorgabe absolviert.

  Ruft (T), während 🔺(T1) die Hampelmannbewegung macht, eine ungerade Zahl:
  - o 1. Werfer: li. hoch.
  - o 2. Werfer: re. hoch.
  - o 3. Werfer: li. tief.
  - o 4. Werfer: re. tief.
- Ruft (T) eine gerade Zahl, dreht sich der Ablauf um:
  - o 1. Werfer: re. hoch.
  - o 2. Werfer: li. hoch usw.
- Die Werfer müssen ebenfalls darauf achten, welche Zahl gerufen wird und entsprechend beginnen:
  - o Ungerade Zahl: 🔺(1) beginnt.
  - o Gerade Zahl: 🔺(2) beginnt.

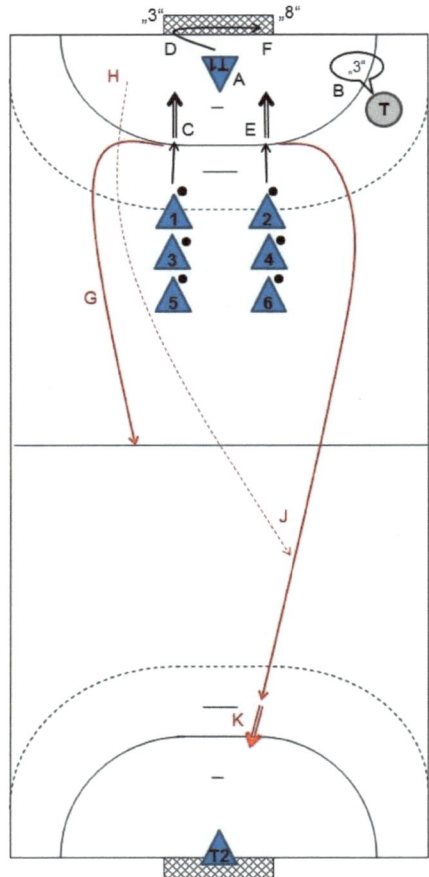

Ablauf:

- 🔺(T1) macht auf der Stelle schnelle Hampelmannbewegungen (A).
- (T) ruft eine Zahl (hier im Beispiel „3").
- Das ist das Zeichen für 🔺(T1), sich sofort umzudrehen und im Tor zu positionieren, und für 🔺(1), mit der Wurfserie nach li. oben zu beginnen (C).
- 🔺(T1) hält den 1. Ball li. hoch (D).
- 🔺(2) startet etwas verzögert mit seinem Wurf nach re. hoch (E).
- 🔺(T1) geht in die Seitwärtsbewegung und hält den Ball (F).
- Ewas verzögert startet 🔺(3) mit seinem Wurf nach li. tief.

- Am Schluss wirft ▲4 nach re. tief.
- ▲1, ▲2 und ▲3 sprinten nach ihrem Wurf jeweils sofort zur Mittellinie (G).
- ▲4 startet nach seinem Wurf sofort in den Konter, bekommt von ▲T1 den langen Ball gespielt (J) und wirft auf der anderen Seite auf das Tor (K).
- Danach sind die nächsten vier Spieler an der Reihe.

⚠ ▲T1 soll vor dem langen Pass eine optimale Position einnehmen. Er soll so stehen, dass der Pass diagonal erfolgen kann (H), damit dieser für ▲4 einfacher zu fangen ist.

Variation:
- Aufgaben stellen für die Wurfvorgabe, z. B. „die Summe aus 5 und 8".

Nr. 56	4er-Wurfserie mit anschließendem Konter 2	8	★★
Benötigt:	Ballkiste mit ausreichend Bällen		

Ablauf:

- ▲1 läuft mit Ball an (A) und wirft rechts hoch (B).

- ▲T1 startet aus der Mitte des Tors, läuft dynamisch in der Seitwärtsbewegung nach links, berührt den Pfosten (C), läuft in der dynamischen Seitwärts-bewegung wieder zurück und hält (D) den von ▲1 nach rechts oben geworfenen Ball (B).

- Nach jedem Wurf geht ▲T1 sofort wieder zurück in die Tormitte.

- Etwas zeitversetzt startet ▲2 mit dem gleichen Ablauf und wirft ebenfalls nach rechts oben.

- ▲T1 wiederholt den Ablauf (C und D), um den von ▲2 geworfenen Ball zu halten.

- Nach seinem Wurf (B) startet ▲1 sofort in die Gegenbewegung und läuft in die andere Spielfeldhälfte (E).

- ▲2 geht nach seinem Wurf sofort in die Konterbewegung (F) und bekommt von Ⓣ den Ball in die Bewegung gespielt (G).

- ▲2 spielt jetzt im 1gegen1 gegen ▲1 (H) und schließt mit Wurf ab (J).

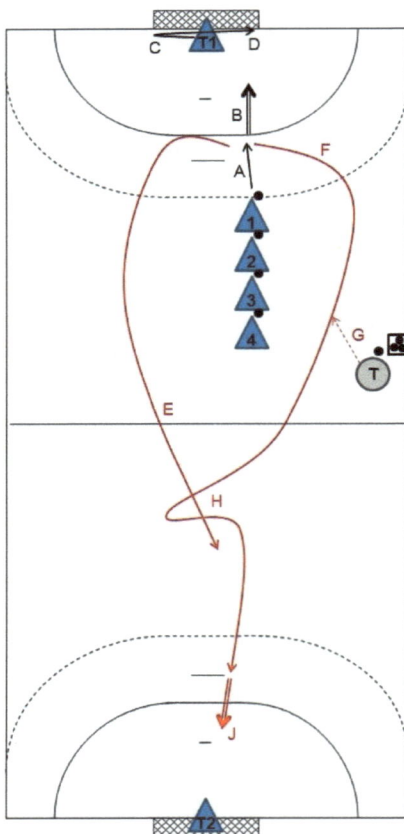

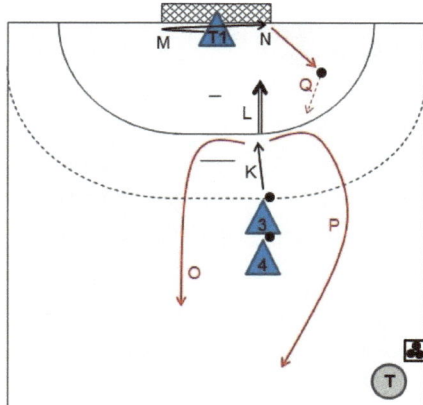

- Nach dem Wurf von **2** starten **3** und **4** ebenfalls etwas verzögert mit dem gleichen Ablauf (K und L), sodass für **T1** eine Serie von vier Würfen entsteht (C, D, M und N).

- Nach seinem Wurf (L) startet **3** sofort in die Gegenbewegung und läuft in die andere Spielfeldhälfte (O).

- **4** geht nach seinem Wurf sofort in die Konterbewegung (P) und bekommt von **T1** den Ball in die Bewegung gespielt (Q).

- **4** spielt jetzt im 1gegen1 gegen **3** und schließt mit Wurf ab.
- Danach wiederholt sich der Ablauf mit den nächsten vier Angreifern.
- Die Wurfseite und die Wurfvorgabe (hoch, halb, tief) nach ein paar Serien wechseln.

⚠ Die Würfe sollen so kommen, dass **T1** ausreichend Zeit hat, die seitliche Laufbewegung zum Pfosten und zurück (C und D bzw. M und N) korrekt und dynamisch auszuführen.

Nr. 57	Einwerfen aus dem vollen Lauf 4	8	★★★
Benötigt:	4 Hütchen, ausreichend Bälle		

Ablauf:

- 🔺1 läuft ohne Ball los, umläuft das Hütchen und bekommt von 🔺2 den Ball in den Lauf gespielt (A).

- 🔺1 stößt und spielt 🔺7 in den Lauf, der nach Vorgabe (hoch, halb, tief) wirft (B).

- 🔺1 zieht sich nach dem Pass zu 🔺7 sofort rückwärts zurück und durchläuft die beiden Hütchen in der Mitte.

- 🔺4 läuft zeitversetzt los, umläuft das Hütchen und bekommt von 🔺5 den Ball in den Lauf gespielt (C).

- 🔺4 stößt und spielt 🔺1 in den Lauf, der wirft.

- Usw.

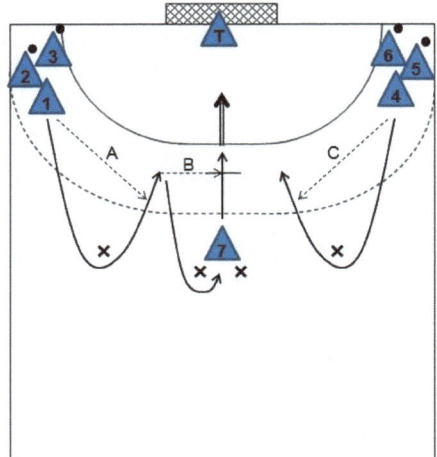

⚠️ Die Geschwindigkeit und das Loslaufen so timen, dass für den Torhüter ein Rhythmus entsteht.

Nr. 58	Wurfserie mit Stoßen/Gegenstoßen 4	7	★★★
Benötigt:	2 dünne Turnmatten, 2 Hütchen, ausreichend Bälle		

Ablauf:

- 1 stößt ohne Prellen dynamisch mit drei Schritten an (A) und absolviert eine Wurftäuschung (Schulter ist aufgedreht, Wurfarm deutlich oben und mit dem Fuß eingestemmt).

- 1 dreht nach hinten ab prellt dynamisch im Bogen um die Matte nach innen (B).

- 2 läuft dynamisch mit einer Lauftäuschung an (C) und bekommt von 1 den Ball in den Lauf gespielt (D).

- 2 wirft nach Vorgabe (Hände, hoch, tief) auf den kurzen Pfosten (rechts) (E).

- Nach dem Pass von 1 (D), stößt 4 sofort dynamisch mit drei Schritten an und absolviert die Wurftäuschung (F). Danach dreht er prellend ab, umläuft die Matte und passt zu 1 (H), der im Bogen um die Matte gelaufen ist (G) und mit Wurf (nach Vorgabe auf den kurzen Pfosten) abschließt (K).

- Nach dem Pass von 4 stößt 3 sofort nach (J) usw.

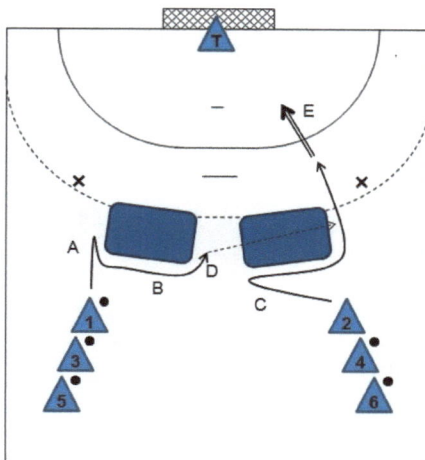

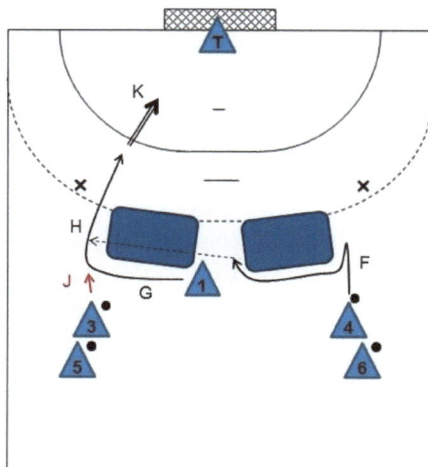

⚠ Beim Anstoßen sollen die Spieler so nah an der Matte stehen, dass sie mit drei Schritten auskommen, aber trotzdem deutlich neben die Matte stoßen.

Nr. 59	Wurfserie mit Koordination für Torhüter und Feldspieler	8	★★★
Benötigt:	4 kleine Turnkisten, 10 Hütchen, dünne Turnmatte, 2 Ballkisten mit ausreichend Bällen		

Ablauf:

- ▲4 startet mit Ball und hüpft immer beidbeinig auf die erste kleine Turnkiste, beidbeinig zwischen die beiden Kisten, dann wieder beidbeinig auf die zweite Kiste usw. (A).

- Wenn ▲4 am Ende angelangt ist (B), startet ▲1 mit Ball und läuft in der Seitwärtsbewegung (Abwehr-haltung, Arme (mit Ball) über den Kopf halten) durch die Hütchen (C).

- ▲4 umläuft das Hütchen und startet dynamisch Richtung Tor, um aus dem Sprungwurf heraus zu werfen (D).

- Ist ▲1 mit seiner Bewegung im Hütchenparcours fertig (E), startet ▲5 mit dem Hüpfen über die kleinen Turnkisten.

- ▲1 umläuft das Hütchen und startet dynamisch Richtung Tor, um aus dem Sprungwurf heraus zu werfen (F).

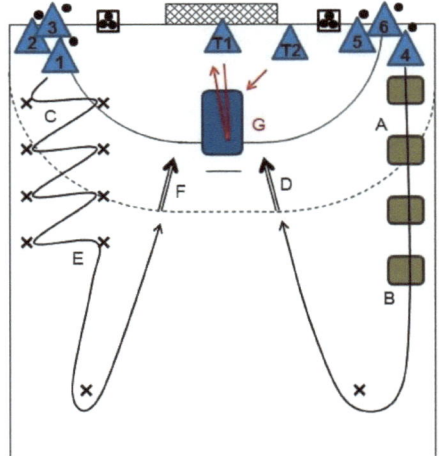

- Usw.

Ablauf (Zwischenübung) für die Torhüter:

- Die Torhüter machen immer vor jedem Wurf der Spieler einen Purzelbaum auf der Turnmatte (G) und laufen dann sofort ins Tor, um den Ball zu halten. Nach dieser Aktion wird gewechselt und der andere Torhüter ist dran.

Variationen für die Werfer:

- Schlagwurf.
- Wurf (Sprungwurf) über das falsche Bein.

Variationen für die Torhüter:

- Purzelbaum variieren -> vorwärts, rückwärts, seitwärts.
- Rad schlagen.
- Hinsetzen und schnell wieder aufstehen.

Gesamtablauf:

- Jeder Spieler macht 10 Aktionen (Würfe); danach eine kurze Pause einplanen und eventuell weitere Runden anfügen.

Nr. 60	Wurfserie mit anschließender Gegenstoßeinleitung	7	★★★
Benötigt:	ausreichend Bällen		

Grundablauf:

- Immer vier Spieler machen den Ablauf.
- ▲1 und ▲2 sind ein Team, und ●1 und ●2 sind ein Team.
- Einen Reserveball für ▲T neben das Tor legen, den er nehmen darf, wenn alle anderen zu weit weggerollt sind.

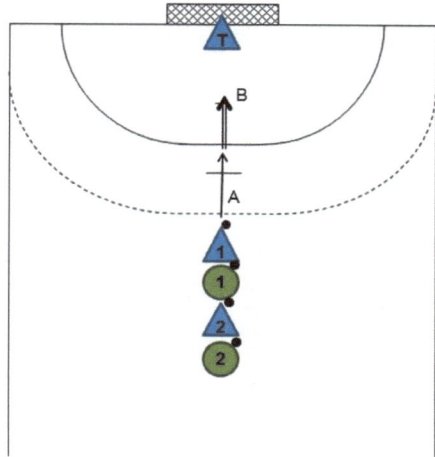

Wurffolge:

- ▲1 wirft links tief.
- ●1 wirft rechts hoch.
- ▲2 wirft links hoch.
- ●2 wirft rechts tief.

Ablauf:

- ▲1 läuft an (A) und wirft nach Vorgabe (links tief) auf das Tor (B).
- ●1 und ▲2 starten jeweils etwas verzögert und werfen ebenfalls nach Vorgabe.
- Nach dem Wurf gehen die Spieler etwas seitlich zur Seite, bleiben aber im 9-Meter-Raum und warten auf den letzten Wurf von ●2.

- 2 läuft ebenfalls an und wirft nach Vorgabe (C).
- Der Wurf ist jetzt das Signal für 1, 2, 1 und 2, in die Folgeaktion – den Konter – zu starten (D).
- T holt sich so schnell wie möglich einen der zuvor geworfenen vier Bälle (E) und leitet den Konter ein. Wen er dabei anspielt (G), darf er selbst wählen (hier im Beispiel 1).
- 1 und 2 spielen nun gegen 1 und 2 im 2gegen2 auf das andere Tor.
- Gelingt es 1 oder 2, den Ball abzufangen, dürfen sie selbst versuchen, ein Tor zu erzielen.
- Die Mannschaft, die ein Tor erzielt, hat gewonnen. Die Verlierermannschaft macht z. B. fünf Liegestützen. Erzielt keine Mannschaft ein Tor, machen alle vier Spieler fünf Liegestützen.

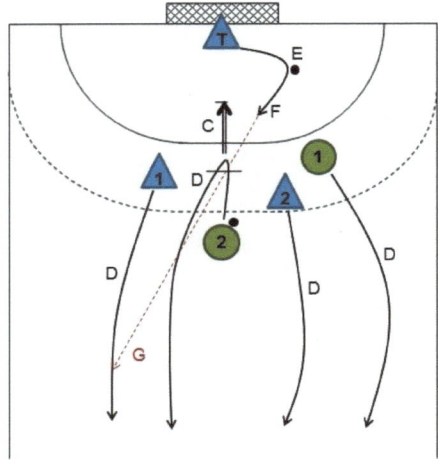

Variation:

- Der Pass von T (G) muss vor der Mittellinie erfolgen.

Anmerkung des Autors

1995 überredete mich ein Freund, mit ihm zusammen das Handballtraining einer männlichen D- Jugend zu übernehmen.

Dies war der Beginn meiner Trainertätigkeit. Daraufhin fand ich Gefallen an den Aufgaben eines Trainers und stellte stets hohe Anforderungen an die Art meiner Übungen. Bald reichte mir das Standardrepertoire nicht mehr aus und ich
begann, Übungen zu modifizieren und mir eigene Übungen zu überlegen.

Heute trainiere ich mehrere Jugend- und Aktivmannschaften in einem breit gefächerten Leistungsspektrum und richte meine Trainingseinheiten gezielt auf die jeweilige Mannschaft aus.

Seit einigen Jahren vertreibe ich die Übungen über meinen Onlineshop handball-uebungen.de. Da die Tendenz im Handballtraining, vor allem im Jugendbereich, immer mehr in Richtung einer allgemeinen sportlichen Ausbildung mit koordinativen Schwerpunkten geht, eignen sich viele Spiele und Spielformen auch für andere Sportarten

Lassen Sie sich inspirieren von den verschiedenen Spielideen und bringen Sie auch Ihre eigene Kreativität und Erfahrung ein

Eckpunkte meiner Trainerlaufbahn
- seit Juli 2012: Inhaber der DHB A-Lizenz
- seit November 2011: Buch Autor (handall-uebungen.de, Handball Praxis und Handball Praxis Spezial)
- 2008-2010: Jugendkoordinator und Jugendtrainer bei der SG Leutershausen
- seit 2006: B-Lizenz Trainer

Ihr
Jörg Madinger

Weitere Fachbücher des Verlags DV Concept

Von A wie Aufwärmen bis Z wie Zielspiel – 75 Übungsformen für jedes Handballtraining

Ein abwechslungsreiches Training erhöht die Motivation und bietet immer wieder neue Anreize, bekannte Bewegungsabläufe zu verbessern und zu präzisieren. In diesem Buch finden Sie Übungen zu allen Bereichen des Handballtrainings vom Aufwärmen über Torhüter einwerfen bis hin zu gängigen Inhalten des Hauptteils und Spielen zum Abschluss, die Sie in ihrem täglichen Training mit Ihrer Handballmannschaft inspirieren sollen. Alle Übungen sind bebildert und in der Ausführung leicht verständlich beschrieben. Spezielle Hinweise erläutern, worauf Sie achten müssen.

Insgesamt gliedert sich das Buch in die folgenden Themenschwerpunkte:

Erwärmung:
- Grunderwärmung
- Kleine Spiele zur Erwärmung
- Sprintwettkämpfe
- Koordination
- Ballgewöhnung
- Torhüter einwerfen

Grundübungen, Grund- und Zielspiele:
- Angriff / Wurfserien
- Angriff allgemein
- Schnelle Mitte
- 1. und 2. Welle
- Abwehraktionen
- Abschlussspiele
- Ausdauer

Am Ende finden Sie dann noch eine komplette methodisch ausgearbeitete Trainingseinheit. Ziel der Trainingseinheit ist das Verbessern des Wurfs und der Wurfentscheidung unter Druck.

Passen und Fangen in der Bewegung – 60 Übungsformen für jedes Handballtraining

Passen und Fangen sind zwei Grundtechniken im Handball, die im Training permanent trainiert und verbessert werden müssen. Die vorliegenden 60 praktischen Übungen bieten viele Varianten, um das Passen und Fangen anspruchsvoll und abwechslungsreich zu trainieren. Ein besonderer Fokus liegt dabei darauf, die Sicherheit beim Passen und Fangen auch in der Bewegung mit hoher Dynamik zu verbessern. Deshalb werden die Übungen mit immer neuen Laufwegen und spielnahen Bewegungen gekoppelt.

Die Übungen sind leicht verständlich in Text und Übungsbild erklärt und

können in jedes Training direkt integriert werden. Durch verschiedene Schwierigkeitsgrade und Komplexitätsstufen kann für jede Altersstufe das Passen und Fangen passend gestaltet werden.

Taschenbuch aus der Reihe Handball Praxis Mini

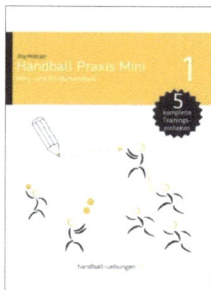

Mini- und Kinderhandball (5 Trainingseinheiten)
Mini- bzw. Kinderhandball unterscheidet sich grundlegend vom Training höherer Altersklassen und erst recht vom Handball in Leistungsbereichen. Bei diesem ersten Kontakt mit der Sportart „Handball" sollen die Kinder an den Umgang mit dem Ball herangeführt werden. Es soll der Spaß an der Bewegung, am Sport treiben, am Spiel miteinander und auch am Wettkampf gegeneinander vermittelt werden.

Das vorliegende Buch führt zunächst kurz in das Thema und die Besonderheiten des Mini- und Kinderhandballs ein und zeigt dabei an einigen Beispielübungen Möglichkeiten auf, das Training interessant und abwechslungsreich zu gestalten.

Im Anschluss folgen fünf komplette Trainingseinheiten in verschiedenen Schwierigkeitsgraden mit Hauptaugenmerk auf den Grundtechniken im Handball (Prellen, Passen, Fangen, Werfen, und Abwehren im Spiel gegeneinander). Hier wird spielerisch in die späteren handballspezifischen Grundlagen eingeführt, wobei auch die generelle Bewegungserfahrung und die Ausprägung von koordinativen Fähigkeiten besondere Beachtung findet.

Die Übungen sind leicht verständlich durch Text und Übungsbild erklärt und können in jedes Training direkt integriert werden. Durch verschiedene Variationen können die Trainingseinheiten im Schwierigkeitsgrad an die jeweilige Trainingsgruppe angepasst werden. Sie sollen auch Ideen bieten, die Übungen zu modifizieren und weiterzuentwickeln, um das Training immer wieder neu und abwechslungsreich zu gestalten.

Taschenbücher aus der Reihe Handball Praxis

Handball Praxis 1 - Handballspezifische Ausdauer (5 Trainingseinheiten)
Die Grundlagenausdauer ist im Handball Voraussetzung für ein hohes spielerisches Niveau über das ganze Spiel hinweg. Hinzu kommt eine handballspezifische Ausdauer, die sich in einer hohen Schnelligkeitsausdauer und einer guten Erholung von Belastungsspitzen niederschlägt. In den folgenden Trainingseinheiten soll dargestellt werden, wie diese Ausdauer handballspezifisch und mit Spaß trainiert werden kann. Zudem wird in den Trainingseinheiten auch die Konzentration unter Ermüdungsbedingungen geschult, eine im Handball nicht wegzudenkende Fähigkeit, die oft den entscheidenden Vorteil am Ende eines Spieles ausmacht.

Handball Praxis 2 - Grundbewegungen in der Abwehr (5 Trainingseinheiten)
Die individuelle Ausbildung der einzelnen Spieler, sowie das Zusammenspiel in der Mannschaft ist ein wichtiger Baustein für den Erfolg und muss immer wieder wiederholt und vertieft werden.

Handball Praxis 3 - Erarbeiten von Auslösehandlungen und Weiterspielmöglichkeiten
(5 Trainingseinheiten)
Im gebundenen Spiel 6 gegen 6 ist es nicht immer einfach, eine kompakt stehende Abwehr zu überwinden. Mit diesen Auftakthandlungen (Auslösehandlungen) bringen sie Bewegung in die gegnerische Abwehr.

Mehrere Weiterführungsmöglichkeiten bieten variable Abschlussmöglichkeiten.

Handball Praxis 4 - Intensives Abwehrtraining im Handball (5 Trainingseinheiten)

Der Angriff schießt die Tore, die Abwehr gewinnt das Spiel.
Im folgenden Band finden Sie fünf methodisch ausgearbeitete Trainingseinheiten zum Thema Abwehr im Handballspiel. Die individuelle Ausbildung der einzelnen Spieler, sowie das Zusammenspiel in der Mannschaft ist ein wichtiger Baustein für den Erfolg und muss immer wieder wiederholt und vertieft werden. Ebenso ist eine konditionelle Fitness gerade für eine konzentrierte Abwehrleistung immens wichtig.

Handball Praxis 5 - Abwehrsysteme erfolgreich überwinden (5 Trainingseinheiten)

Nicht immer hat man überragende Einzelspieler, die in 1gegen1 Aktionen die Spielsituation lösen können, daher ist strukturiertes Zusammenspiel ein wichtiger und spielentscheidender Faktor, um gegnerische Abwehrreihen zu überwinden.
Die ersten beiden Trainingseinheiten erarbeiten Schritt für Schritt die Grundlagen der Kreuzbewegungen und der Sperrstellung des Kreisläufers mit Absetzen. In den weiteren drei Einheiten liegt der Schwerpunkt beim Spiel gegen eine 6:0, 5:1 und 3:2:1 Abwehr. Auftakthandlungen zum Ausspielen der jeweiligen Abwehrformation werden erarbeitet.

Handball Praxis 6 - Grundlagentraining für E- und D- Jugendliche (5 Trainingseinheiten)

Die vorliegenden Trainingseinheiten erarbeiten Grundlagen für den E- und D-Jugendbereich. Die Anforderungen können aber auch einfach an höhere Altersklassen angepasst und für diese angewendet werden. Schritt für Schritt werden die einzelnen Themen innerhalb einer Trainingseinheit vom Einfachen zum Komplexen altersspezifisch erarbeitet. Ein großer Fokus liegt auf dem Erlernen der handballspezifischen Grundlagen durch gezielte Übungen und spielerische Elemente.

Handball Praxis 7 - Handballspezifisches Ausdauertraining im Stadion und in der Halle (5 Trainingseinheiten)

Die im Buch enthaltenen Trainingseinheiten haben den Schwerpunkt auf handballspezifischem Ausdauertraining mit und ohne Ball, im Stadion und in der Halle. Sie eignen sich sehr gut für die Vorbereitungszeiten, finden Ihren Platz aber auch in kleinen Spielpausen während der Runde.

Taschenbücher aus der Reihe Handball Praxis Spezial

Handball Praxis Spezial 1 - Schritt für Schritt zur 3-2-1 Abwehr (6 Trainingseinheiten)

Die 3-2-1 Abwehr ist ein hervorragendes taktisches Mittel, um den Angriff im Aufbau unter Druck zu setzen. Schnelle Ballgewinne und Konter sind oft die Folge. Gute konditionelle Eigenschaften, sowie eine gute Ausbildung im 1gegen1 in der Abwehr sind allerdings Grundvoraussetzungen dafür. Für eine allumfassende Ausbildung in der Jugend gehört die 3-2-1 Abwehr zwingend dazu.

Handball Praxis Spezial 2 - Schritt für Schritt zum erfolgreichen Angriffskonzept gegen eine 6-0 Abwehr (6 Trainingseinheiten)

Die sechs im Buch enthaltenen Trainingseinheiten erarbeiten eine Auftakthandlung gegen eine 6:0-Abwehr mit verschiedenen variablen Weiterspielmöglichkeiten. Die ersten drei Trainingseinheiten vermitteln dabei die individuellen und kleingruppentaktischen Grundlagen für ein Spiel gegen die 6:0- Abwehr, zunächst die dynamische Stoßbewegung mit Durchbruchentscheidung, dann die Grundlagen des Kreuzens und des Zusammenspiels mit dem Kreisläufer. Die folgenden drei Trainingseinheiten führen als Auftakthandlung Kreuzen des Mittelspielers mit dem Außen ein und bieten mit drei Varianten im weiteren Zusammenspiel variable Möglichkeiten, die gegnerische Abwehr auszuspielen.

Weitere Handball Fachbücher und eBooks finden Sie unter
www.handball-uebungen.de

www.ingramcontent.com/pod-product-compliance
Lightning Source LLC
Chambersburg PA
CBHW042129080426
42735CB00001B/15